Stephanie Quandt

Mal ehrlich!

Warum Kinder niemals aufräumen und Väter nachts nichts hören

Eine Mama packt aus

HERDER

FREIBURG · BASEL · WIEN

Stephanie Quandt, 1973 in Hannover geboren, wuchs in Stuttgart, Essen und Hamburg auf. Nach dem Abitur absolvierte sie die Axel-Springer-Journalistenschule und war später viele Jahre Chefreporterin der Zeitschrift „BILD der FRAU". 2002 wurde Sohn Marno geboren, 2006 Tochter Marla. Seitdem arbeitet Stephanie Quandt als freiberufliche Journalistin und Autorin. Sie lebt mit Ehemann Carsten und ihren Kindern in Hamburg.

Stephanie Quandt

Mal ehrlich!
Eine Mama packt aus

Inhalt

Mal ehrlich!
Ein Vorwort

Als ich zum ersten Mal schwanger war, hörten mein Mann und ich von allen Bekannten, die bereits Eltern waren: „Genießt die Zeit jetzt – so ruhig wird es nie wieder!" Immer gefolgt von einem leisen Seufzer ... Was soll ich sagen? Sie hatten Recht! Ganz abgesehen von der Ruhe kommen in (m)einem Mama-Leben ja noch so einige andere Dinge nicht mehr vor. Zum Beispiel das Entspannungsbad bei Tageslicht, der Spätfilm im Fernsehen oder ein Waschbecken ohne Zahnpasta-Kleckse.

Das hatte mir vorher niemand verraten. Wahrscheinlich, weil es auch so unwichtig ist, verglichen mit dem, was ich nun seit neun Jahren jeden Tag erleben darf: das Abenteuer Familie! Bei dem ein klebriges Küsschen ungeahnte Glücksgefühle auslösen kann. Und ein rumliegender Bauklotz fast einen Nervenzusammenbruch ...

Ja, das Leben mit Kindern hält so viele besondere Momente bereit: wunderschöne, rührende, traurige, urkomische, anstrengende. Über die schreibe ich seit fünf Jahren wöchentlich in der Zeitschrift „Bild der Frau". Und ich freue mich darüber, Sie nun auch in Buchform ein wenig an unserem Familien-Alltag teilnehmen zu lassen.

Danke sagen möchte ich auf alle Fälle: meinem Mann Carsten und meinen Kindern Marno und Marla, die mir jeden Tag aufs Neue so viel Erzählstoff bieten. Und meinen Eltern, ohne deren Unterstützung ich weitaus weniger Zeit zum Schreiben hätte!

Ich wünsche Ihnen, liebe Leserinnen und Leser, eine spannende Entdeckungsreise in den „Kosmos Familie". Wenn Sie sich und Ihre Lieben darin wiederentdecken, dann ist das – mal ehrlich! – wahrscheinlich nicht ganz zufällig …

Viel Spaß beim Lesen wünscht Ihnen

Steffi Brandt

1 Alltags-Chaos

Termine, Termine:
Mütter im Stress

Meine Freundin Maike wohnt quasi bei mir um die Ecke. Ich schätze mal, von Haus zu Haus sind es gerade 700 Meter Luftlinie. Aber manchmal kommt es mir so vor, als würden mindestens 700 Autobahn-Kilometer zwischen uns liegen. So selten treffen wir uns inzwischen. Na ja, das ist jetzt vielleicht ein bisschen übertrieben. Aber Fakt ist doch: Wenn zwei Mütter sich verabreden wollen, läuft das nicht ohne Terminkalender. Und sind die gezückt, geht die Suche nach ein paar gemeinsamen freien Stunden in etwa so:

Freundin: „Wie wär's mit Mittwochnachmittag?"
Ich: „Da hat Marno Schwimmen."
Sie: „Freitag?"
Ich: „Fußball-Training! Was ist mit Donnerstagvormittag?"
Sie: „Kinderarzt-Termin. Dann Montag früh?"
Ich: „Theater-Aufführung in der Schule. Nachmittags?"
Sie: „Muss ich erst zum Friseur. Danach ist Kindergeburtstag!"

Ein Dialog, der sich – je nach Job, Kinderzahl und Familienprogramm – beliebig verlängern lässt … Viel schlimmer kann es Top-Managern bei ihrer Terminplanung doch auch nicht gehen, oder? Ich finde es manchmal wirklich zum Verrücktwerden. Denn hat man sich dann endlich mal auf Tag und Uhrzeit geeinigt, heißt das noch lange nicht, dass dieses Treffen tatsächlich stattfindet. Mit Kindern ist bekanntlich überhaupt nichts planbar. Und so kommen eben gern mal Röteln, ein ausgeschlagener Zahn oder eine schwere Impfreaktion dazwischen!

Kennen Sie diese praktischen Küchenkalender, auf denen jedes Familienmitglied eine eigene Spalte hat? Ich gebe zu: Früher, zu noch kinderlosen Zeiten, konnte ich über die Dinger nur schmunzeln. Aber heute finde ich: Je älter der Nachwuchs wird, desto unentbehrlicher ist so ein Organisationshelfer. Und ich freue mich schon richtig! In zwei Wochen steht da in meiner Kalenderspalte nämlich „Kino mit Maike". Wir gehen erst abends, gegen 20 Uhr. Da kann ja eigentlich nichts schiefgehen …

O je, schon wieder Elternabend

Demnächst gehe ich abends mal wieder aus. Leider ist dieser Termin kein echtes Vergnügen: Ein Elternabend steht an! Jedes Mal, wenn ich die Einladung zu solch einem geselligen Beisammensein von Müttern und Vätern samt Erziehungsfachkraft in Marnos Rucksack finde, denke ich: „O je, schon wieder?" Aber schwänzen gilt nicht. Also werde ich mich auch dieses Mal auf einen viel zu kleinen Stuhl quetschen und hören, was so anliegt. Da gibt es auch viel Sinnvolles, keine Frage: Klassenkasse, Gruppenprobleme, Ausflugspläne und so weiter.

Aber wer denkt, dass das Treffen nach dem Abhaken dieser Dinge beendet ist, hat noch an keinem teilgenommen. Denn für Elternabende gilt eine Grundregel: Sie nehmen einfach kein Ende! Weil nach den wichtigen Themen noch zig unwichtige kommen. Sobald die Frage „Sonst noch Fragen?" gestellt wird, flüstere ich ein Nein und fange innerlich an zu beten, dass meine Mit-Sitzer genauso gern den Kinderstuhl gegen das heimische Sofa tauschen wollen. Vergeblich.

Alltags-Chaos

Jetzt wird erst mal eine Viertelstunde lang diskutiert, ob auch Marmelade („Dann könnte man ja gleich Schokolade in die Box packen") aufs Pausenbrot der Kleinen darf. Um hinterher noch mal zehn Minuten darüber abzustimmen. Mit dem Ergebnis, dass es weiter jeder so macht, wie er will. Natürlich muss auch noch geklärt werden, ob im Winter jedes Kind einen Lippenpflegestift dabeihaben sollte, die rote Girlande fürs Sommerfest nicht schöner wäre als die gelbe und der 10-Farben-Tuschkasten für das kreative Potenzial von Tochter oder Sohn ausreicht ...

Gedanklich bin ich längst ausgestiegen, werde immer nervöser und möchte nur noch eins: flüchten! Jeder soll sagen dürfen, was ihm auf dem Herzen liegt. Aber es muss doch nicht jede Lappalie in die Mama-Papa-Runde geworfen werden!? Es gibt so viele schönere Abendbeschäftigungen, als unter grellem Neonlicht zu hocken: ein Glas Wein trinken, *Desperate Housewives* gucken, 'ne Jogging-Runde drehen, auf der Couch kuscheln ... Deshalb mein Appell an alle Eltern: Fasst euch bitte ein bisschen kürzer! Ich – und ganz viele andere „Leidensgenossen" – werden dankbar sein!

Schnell was einkaufen?
Nicht mit Kindern!

Mütter von Fußball spielenden Jungs kennen das: Ist am Wochenende ein Punktspiel auf dem heimischen Platz, muss Verpflegung für die Gäste her. Ich hatte versprochen, einen Kuchen beizusteuern. Doch als ich mit dem Backen loslegen wollte, lag in der Kühlschranktür nur noch ein Ei. Und in Sachen Mehl zeigte mir die Waage schlappe 97 Gramm – zu wenig für einen guten Fußball-Kuchen!

Also rein in Schuhe und Jacken und ab ins Örtchen. Carsten rief ich noch nach oben ins Büro zu: „Ich gehe mit den Kindern schnell was einkaufen" – und weg waren wir! Das allerdings für die nächsten zwei Stunden! Denn mit Kindern mal schnell was einkaufen zu gehen ist unmöglich. Und ich meine jetzt nicht, mit dem Auto vor dem Supermarkt zu halten, alles in den Kofferraum zu laden und wieder zu fahren. Ich meine gehen! Als Erwachsener ahnt man nicht, welche Verlockungen so auf dem Weg liegen … Unser erster Halt: eine Schnecke! Die hatte eine lange Schleimspur hinterlassen, was Marno mit einem „Boah" und Marla mit einem „Süüüüß" kommentierte. Tier samt Spur mussten ein Weilchen beobachtet werden. Zweiter Halt: ein buntes Auto vor dem Droge-riemarkt, das leuchtet und wackelt, wenn man 20 Cent reinwirft. Ich hab nix reingeworfen. Marla wollte aus dem Ding trotzdem nicht mehr raus. Dritter Halt: die Eisdiele! Davor tobten Schulfreunde von Marno. Wie sollte er da vorbeigehen, ohne noch was Wichtiges zu bereden?

Nach einer gefühlten Ewigkeit hatte ich endlich Mehl und Eier in meiner Tüte. Aber da war ja noch der Rück-weg! Und auf dem hatte meine Prinzessin absolut keine Lust mehr, mit ihrem Laufrad (das sie aber unbedingt mitnehmen wollte!) zu fahren! Die Folge: Ein Sitzstreik, den ich nur durch die Drohung auflösen konnte, ihr Lauf-rad jetzt einfach da liegen zu lassen. Fünfter und letzter Boxen-Stopp war dann der Grabbeltisch vorm Buchladen, auf dem viele bunte Kinderbücher lagen, in denen Marno nur „ganz kurz, biiittte" blättern wollte …

Wieder zu Hause, fragte mein Göttergatte: „Hast du den Laden leer gekauft?" Ich sagte gar nichts und dachte nur: Der Weg ist das Ziel!

Ein Schmusetuch
ist nicht ersetzbar!

Marla hat kurz nach ihrer Geburt von Omi und Opi ein kleines rosa Schmusetuch mit Micky-Maus-Kopf bekommen. Und „Mau-Mau" – wie sie die Kuschelmaus mit ihren ersten Sprachversuchen getauft hat – sofort in ihr kleines Herz geschlossen. So sehr, dass sie ohne ihr Schmusetuch kein Auge zudrückt. Obwohl Mau-Mau längst nicht mehr kuschelig und mehr mausgrau als rosa ist. Sie können sich denken, was mich wirklich in Panik versetzt: dass Mau-Mau eines Tages mal verschwunden sein könnte. Deshalb haben wir erstens dem Tierchen ein absolutes Verbot erteilt, sich außerhalb unserer vier Wände aufzuhalten. Und zweitens für Ersatz gesorgt. Was gar nicht so einfach war! Denn – es ist manchmal wie verhext – genau dieses Schmusetuch wird nicht mehr hergestellt.

Und war deshalb in keinem Laden mehr zu kriegen. Unsere Rettung: eBay! Was haben wir uns gefreut, als Mau-Mau uns da nach wochenlanger Suche in Quietschrosa auf einem kleinen Bildchen anlachte. So wie uns muss es vielen verzweifelten Eltern gegangen sein. Denn die Versteigerung war ein spannendes Kopf-an-Kopf-Rennen,

das wir für völlig übertriebene 40 (!) Euro „gewonnen"
haben! Aber was tut man nicht alles für ein glückliches
Kind, dachten wir. Und fühlten uns gut gerüstet für den
Super-Gau, dass Mau-Mau eines Tages mal vom Erdboden verschluckt sein würde. Bis es tatsächlich vor einigen
Tagen soweit war! Marla lag weinend und nach Mau-Mau
rufend in ihrem Bett, während Carsten, Marno und ich
eine Stunde wie Trüffelschweine die gesamte Wohnung
absuchten.

Unterm Sofa, im Wäschekorb, in der Spielekiste, auf
den Fensterbrettern – Mau-Mau blieb verschollen. Aber
wir hatten ja noch die Zweit-Mau-Mau! Die Marla ganze
zehn Sekunden mit Begeisterung in ihre Arme schloss.
Um sie dann unter Tränen („Das ist nicht meine Mau-
Mau!") wütend zu verbannen. Ende des Dramas: Marla
weinte, und wir suchten weiter. Bis Marno – und dafür
bin ich ihm immer noch zutiefst dankbar – das Original
tatsächlich in meiner Nachttisch-Schublade fand. Also
falls Sie bei eBay demnächst mal ein wirklich süßes, ku-
scheliges rosa Schmusetuch mit Maus-Kopf entdecken:
Das ist von uns! Und garantiert unbenutzt!

Wo treffen sich
all die Kindermützen?

Wissen Sie, was das Gute daran ist, wenn wir wieder Temperaturen weit über 5 Grad haben? Klar, man kann wieder in der Sonne sitzen! Aber für uns Mütter hat die wärmere Jahreszeit noch einen ganz anderen entscheidenden Vorteil: Wir müssen weniger suchen! Weil wir unseren Nachwuchs mal wieder ohne Mütze, Schal, Handschuhe & Co. vor die Tür schicken können! Denn mit diesen Dingen ist es wie verhext. Sie sind irgendwann einfach weg. Wirklich spurlos verschwunden! In Schulräumen, Kindergärten, Bussen, am Wegesrand oder in muffigen Umkleidekabinen von Turnhallen. Und keine noch so aufwendige und sofort eingeleitete Suchaktion bringt sie wieder zurück.

Kennen Sie dieses Phänomen? Mich hat es in den letzten Monaten oft schier zur Verzweiflung gebracht. Da lief Marno morgens noch ordentlich eingemummelt Richtung Schule. Und stand mittags ohne Mütze – oder wahlweise ohne Schal oder nur noch mit einem Handschuh – wieder davor. Natürlich war er sich immer „gaaanz sicher", dass er das verschwundene Stück in den Rucksack, an den Kleiderhaken, in den Jackenärmel oder sonst wo hingesteckt hatte. Und konnte sich nie erklären, wo es denn nun sein sollte („Vorhin war der Schal aber noch da!"). Ich finde dafür auch keine Erklärung. Treibt da vielleicht ein gemeiner Handschuhdieb sein Unwesen? Oder haben kleine Kindermützen irgendwo einen geheimen Treffpunkt? Wer weiß!

Da hilft nur: Bei Wintereinbruch alles mindestens zweimal kaufen! Mit etwas Glück hat man seine Wollsammlung im Frühjahr sogar wieder vereint in der Schublade. Denn auch das ist ein Phänomen. Irgendwie und irgendwo taucht so manches vermisste Teil dann wieder auf. Marno brachte eines Tages freudestrahlend seine seit Monaten verschwundene Lieblingsmütze („Die lag da plötzlich einfach!") mit nach Hause! Wie schön, denn jetzt muss ich mich nur noch auf die Suche nach Marlas Hausschuh machen. In ihrem Kindergarten-Fach steckt zur Zeit nämlich nur einer. Aber ich bin sicher: Irgendwann taucht der andere bestimmt wieder auf!

Als Mutter hört man einfach besser

Sobald Menschen zu Eltern werden, verbessert sich ihr Gehör. Davon bin ich fest überzeugt – und ich finde, das hat Mutter Natur auch ganz praktisch eingerichtet. Schließlich muss man solch ein hilfloses Bündel Mini-Mensch zu jeder Tages- und Nachtzeit hören und unterscheiden können, ob sein „Uäääh"-Ruf eher nach Hunger, voller Windel oder Quengelei klingt.

Aber auch wenn der Nachwuchs schon längst selbst nach einem Glas Apfelsaft oder mehr Taschengeld verlangen kann, geht dieses Super-Gehör nicht wieder weg. Im Gegenteil: Meins hat sich im Laufe der Jahre sogar noch verschärft. Eigentlich auch ganz logisch – schließlich können Mütter ja nicht rund um die Uhr ein Auge auf ihre Kinder werfen. Deshalb muss eben zur Betreuung noch ein anderer Sinn herhalten!

Wenn ich am Sonntagmorgen gegen 7 Uhr noch gemütlich im Bett liege, weiß ich jedenfalls trotz geschlossener Augen ganz genau, was in der Wohnung vor sich geht. *Tapp, tapp, tapp* – Marla läuft durch den Flur zu Marno. *Tapptapp, tapptapp* – beide schleichen in die Küche. *Quiiietsch* – sie stöbern im Kühlschrank nach Leckereien. Klack – wieder zu, nix gefunden. *Schepper* – Marla hat sich einen Apfel genommen, dabei ist die Obstschale auf den Boden gefallen. *Tapptapptapptapp* – schnell wieder zurück ins Zimmer. Es gibt wirklich ganz viele Kategorien von Kinder-Geräuschen! Zum Beispiel die absolut beruhigenden: Das *Rrrrrr* vom Wühlen durch Lego-Steine, das *Schnipp* der Bastelschere oder das *Rasch,* wenn eine Buchseite umgeschlagen wird. Dann gibt es die, die mich aufhorchen lassen. Ein *Uiiieeeeh* („Marno, nicht hinter der Tür heimlich fernsehen") oder ein *Dongdong* („Marla, auf dem Sofa wird nicht gehüpft!").

Und dann natürlich auch welche, die mich mütterlichen Geräusch-Detektiv sofort in allerhöchste Alarmbereitschaft versetzen. Lautes Poltern und danach Stille bedeutet meist: Es ist etwas kaputtgegangen. Noch schlimmer ist allerdings: Lautes Poltern plus Stille plus anschließendes Weinen. Denn dann war es garantiert wertvoll!

Auskunftsservice
auf zwei Beinen

Marno stürmte mit seiner Schwester an der Hand in die Küche und fragte: „Ist das Sandmännchen schon vorbei?" Jetzt hätte ich, da es bereits halb acht war, mit einem schlichten Ja antworten können. Stattdessen habe ich ihm aber mal zu Lernzwecken seinen Wecker unter die Nase gehalten. Denn ich frage mich manchmal wirklich, wozu wir unserem Knirps mühsam beigebracht haben, die Uhr zu lesen und die Wochentage in der richtigen Reihenfolge aufzuzählen. In der Theorie kann Marno das auch super. In der Praxis wendet er dieses Wissen erstaunlicherweise allerdings (fast) nie an!

Ob das wohl daran liegt, dass Kinder in ihren Müttern so eine Art Info-Stand plus Zeitansage sehen? Manchmal komme ich mir jedenfalls so vor! Zum Beispiel findet bei uns fast jeden Mittag die gleiche Unterhaltung statt. Marno fragt nach der Schule: „Was habe ich heute vor?"

Ich: „Welcher Tag ist denn heute?"

Er: „Keine Ahnung!"

Ich: „Was war denn gestern?"

Er: „Wochenende!"

Ich: „Und was ist dann heute?"

Er: „Ach ja, Montag – dann habe ich Gitarrenunterricht!"

Tusch – der Kandidat hat 99 Punkte!

Ähnlich häufige Fragen an die Mami-Auskunft: „Wie lange dauert's, bis wir losgehen?", „Wann war ich noch mit Johannes / David usw. verabredet?" oder „Wie oft muss ich noch schlafen, bis ich bei Omi und Opi übernachten kann?" Aber irgendwie ja auch logisch: Schließlich sind es unsere Sprösslinge gewohnt, dass wir uns von „Hast du die Zähne geputzt?" bis „Nimm lieber einen Schal mit" um alle Dinge kümmern, sie ständig an alles erinnern. Oder hat es gar nichts mit dem Alter, sondern eher mit dem Geschlecht zu tun? Denn auch mein Mann Carsten nimmt meinen Auskunftsservice noch gerne und oft in Anspruch. Ob es um seinen Zahnarztbesuch oder die nächste Theateraufführung in der Schule geht – Datum und Uhrzeit werden da einfach beim Ehefrauen-Sekretariat erfragt! Nicht umsonst werden wir Mütter heutzutage ja gerne ganz modern als „Familien-Managerinnen" bezeichnet. Ich finde, das passt prima! Und klingt auch viel besser als „Kalender auf zwei Beinen" …

2
Erziehungs-Sache

Trotzanfälle – gelassen bleiben?

Lange Zeit gab es für Marno eine Sache, die ihm jeden Badespaß verdorben hat: das Haarewaschen! Sobald auch nur drei Tropfen Wasser über sein Gesicht liefen, rief er wie eine kleine Diva: „Maaami, gib mir ein Handtuch – schnell!" Wir haben uns den Kopf darüber zerbrochen, wie wir dieses Theater beenden können. Aber weder bunte Shampoo-Flaschen noch witzige Spielchen („Guck mal, das ist wie unter einem Wasserfall") haben gewirkt. Inzwischen taucht unser Nachwuchs gern, kann schwimmen und das Shampoonieren ist längst kein Thema mehr. Was ich trotzdem beruhigend finde: Marno war kein Einzelfall! Eine neue Umfrage beweist: Das Säubern der Kinder-Zotteln ist in jeder fünften Familie ein Problem. Schlimmer strapaziert die Nerven nur noch das Zähneputzen, Streit mit Geschwistern, Ärger ums Fernsehen, Schlafengehen oder Essen. Der absolute Mütter-Horror: Trotzanfälle!

Bei Marno war die Gefahrenzone da nicht die berühmt-berüchtigte Supermarktkasse. Sondern der Bäcker! Sobald wir uns dem Geschäft näherten, zerrte mich eine kleine Hand Richtung Eingang. Ich zog in die andere Richtung

– und Vorhang auf! Der kleine Mann blieb stehen, sein Gesicht verfärbte sich rot, und dann wurde oscarreif losgeheult. Ich wäre am liebsten im Erdboden versunken! Aber inzwischen habe ich ja jede Menge gelernt. Ganz vorneweg: Gelassenheit!

Kleine Kinder benehmen sich nun mal manchmal daneben – das ist Gesetz und kein Erziehungsfehler. Und jedes Trotztheater ist nur eine Phase, jeder Kinder-Spleen geht vorüber. Ob's nun das Milchzähneputzen ist, das Ende der Windelzeit, die bitteren Tränen erster Kindergarten-Tage oder sonstige Eltern-Kind-Kämpfe – später kann man darüber lachen. Weil fast alle Problemchen sich wirklich irgendwann in Luft auflösen. Und das scheint zum Glück auch mit größeren Kindern noch so zu sein. Erfahrenere (und meine eigenen) Eltern haben mir jedenfalls glaubhaft versichert: Sogar die Pubertät nimmt irgendwann ein Ende …

Als Mutter kommst du kaum zu Wort

Beim Abendessen gab es heute wieder eine typische Familienunterhaltung. Ich fange an zu reden, will Carsten von meinem Tag erzählen – und werde nach dem dritten Wort von Marno unterbrochen: „Heute in der Vorschule wollte David nicht mit uns …" Woraufhin ich meinen Sohn unterbreche: „Ich habe gerade geredet und möchte Papi das noch eben zu Ende erzählen." Wieder Marno: „Ja, aber ich wollte doch nur mal kurz von der Pause …" Daraufhin Marla: „Ich auch! Und ich will Käse!" Folge dieser Kommunikation: Die Geschwister plappern kichernd weiter, und ich weiß kaum noch, was ich eigentlich gerade sagen wollte!

Und so ist es doch eigentlich immer, sobald der Nachwuchs in der Lage ist, sich bemerkbar zu machen: Kinder wollen, fordern und brauchen Aufmerksamkeit. Nicht immer. Aber eben garantiert dann, wenn man sie gerade mal nicht geben kann oder will. Bei meinen Kleinen besonders beliebt ist das Stören von Telefonaten. Natürlich checke ich inzwischen sowieso erst mal die Lage, bevor ich überhaupt zum Hörer greife: Wo stecken die zwei? Was machen sie gerade? Okay, sie spielen friedlich – ich wähle die Nummer. Doch kaum geschehen, zupft garantiert Marlas kleine Hand an meinem T-Shirt. „Maaami, ich möchte eine Banane!" Und ist es mal nicht die Kleine, ist es der Große, der mir unbedingt jetzt sein neu gemaltes Bild zeigen will. Oder ein frisch aufgeschürftes Knie, das schnell verarztet werden muss. Oder ein umgeschüttetes Glas Apfelsaft. Oder, oder, oder …

Mein Redefluss ist ähnlich gehemmt, wenn ich mich samt Kindern mit Freundinnen und deren Kindern treffe. Kleine Beispiel-Rechnung: Zwei Stunden mit vier Kindern bedeutet 10 Minuten Mütter-Netto-Redezeit. Weil ganz viele „Ich möchte", „Der hat gerade", „Kann ich mal?" und „Ich muss mal" dazwischenkommen. Mit meiner Freundin Maike habe ich deshalb inzwischen einen festen Termin im Monat, an dem wir uns abends treffen. Was wir uns in diesen zwei Stunden ohne Kinder erzählen, würden wir in zehn Treffen mit ihnen nicht unterkriegen! Aber manchmal fehlt es uns dann fast ein bisschen, dieses süße „Maaami"!

Wer kann schon immer Vorbild sein?

Es steht in jedem Erziehungsratgeber: Kinder erzieht man nicht nur mit schlauen Worten, sondern viel mehr durch das, was man ihnen vorlebt. Also sollen Mamis und Papis den Kleinen ein gutes Vorbild sein! Ich gebe mir täglich wirklich alle Mühe, das hinzukriegen. Aber es gibt immer wieder Momente, in denen ich mich frage, ob das mit mir und dem Vorbildsein so richtig funktioniert.

Da döse ich im Bad noch so vor mich hin und gurgele mit dem Zahnputzwasser, als ich von Marno (der fleißig neben mir schrubbt) mit einem strengen „Mami, du bist noch nicht fertig!" aus meinen Träumen gerissen werde. Schuldbewusst wandert mein Blick auf unsere bunte Zahnputz-Uhr – au weia, der Sand rieselt noch – und meine Zahnbürste sofort zurück in meinen Mund. Schließlich predige ich ständig: Erst ausspülen, wenn das letzte Sandkorn sein Ziel erreicht hat. Und mit zweierlei Maß (eins für die Kleinen, eins für die Großen) zu messen, das geht natürlich nicht.

Trotzdem wage ich jetzt hier mal ein Geständnis: Ich fahre Fahrrad immer ohne Helm! Ich höre im Geiste jetzt schon Ihre Empörung! Zu Recht! Ich weiß selbst, dass das unvernünftig ist. Aber ich fühle mich mit dem Ding auf dem Kopf einfach so blöd (und sehe auch so aus), dass mir die Kopfbedeckung jeden Spaß am Radeln vermiest. Für Marno und Marla ist ein Helm natürlich absolute Pflicht! Und ich bin heilfroh darüber, dass sie bisher noch nicht gefragt haben, warum diese Pflicht für mich nicht gilt!

Froh bin ich auch, dass sie mein unvorbildhaftes Verhalten oft einfach nicht mitbekommen. Sonst würden sie wissen wollen, warum ich Kuchenteig nasche, bis mir schlecht wird. Mir manchmal total dämliche Sendungen im Fernsehen angucke, statt ein gutes Buch zu lesen. Ich nicht jeden Tag frisches Obst esse. Gerne die Stereoanlage zu laut aufdrehe. Und mich seit Monaten davor drücke, endlich den Keller aufzuräumen! Wie sollte ich ihnen denn das alles auch erklären? Vielleicht am besten so: Vorbilder haben mit euch Kindern eins gemeinsam – gutes Benehmen macht ihnen auch nicht immer Spaß.

Marno liebt Chaos
im Kinderzimmer

Marno hat ein ganz besonderes Talent, das er – darauf würde ich all mein Hab und Gut verwetten – mit mindestens 80 Prozent seiner Altersgenossen teilt: Er kann innerhalb von fünf Minuten in seinem Zimmer ein riesengroßes Chaos veranstalten! Zu seinem Bedauern ist ja inzwischen die Zeit vorbei, in der ich jeden Abend vor dem Schlafengehen seine Bauklötze in Kisten und Bücher ins Regal verfrachtet habe. Als Erstklässler muss er das langsam schon selbst schaffen!

Schafft er auch, macht er aber äußerst ungern! Und deshalb ist das Thema Aufräumen bei uns ein Dauer-Diskussionspunkt. Ich frage mich: Warum gibt es eigentlich zig Erziehungs-Ratgeber vom richtigen Stillen bis hin zur optimalen musischen Förderung, aber keinen darüber, wie man seinen Nachwuchs fürs Aufräumen begeistert? Der wäre ein Bestseller! Vielleicht liegt es aber auch daran, dass es für dieses Problem keine Lösung gibt? Ich habe sie jedenfalls noch nicht gefunden!

Erziehungs-Sache

Obwohl die Liste meiner Versuche lang ist. Mal habe ich mit Engelszungen geredet, mal gemeckert. Habe jede Menge Kisten und Truhen angeschafft, damit alles seinen Platz hat. Aussortiert, damit er den Überblick behält. Das Aufräumen auf einzelne Bereiche reduziert („Räum doch mal nur den Schreibtisch leer") oder mich mit ihm gemeinsam an die Arbeit gemacht. „Gefruchtet" hat das allerdings nur wenig. Unser Sohnemann kommt trotzdem nie von allein auf die Idee, sein Chaos zu beseitigen. Und wenn man ihn fragt, ob er sich wohlfühlt auf dem Boden zwischen Lego-Steinen, Schnipseln, Stiften und Panini-Bildern gibt's für ihn nur eine Antwort: „Ja!"

Deshalb bleiben zurzeit eigentlich nur zwei Möglichkeiten für Ordnung im Kinderzimmer: Erpressung („Dann darfst du auch nicht fernsehen") oder das drohende Wedeln mit dem blauen Müllsack („Da packe ich alles rein, was hier noch rumliegt!"). Pädagogisch sind das sicher nicht die besten Varianten. Aber in der Praxis unschlagbar. Die Mülltüte musste ich nämlich bisher noch nie füllen. Denn komischerweise klappt es mit dem Aufräumen dann plötzlich ganz wunderbar!

Wer erzieht hier eigentlich wen?

Eltern erziehen ihre Kinder – so ist es von der Natur vorgegeben. Und deshalb sagen wir zu ihnen Sachen wie „Mach deine Jacke zu!", „Iss nicht so viel Süßes!" oder „Mund schließen beim Kauen!". Manche dieser Sätze wiederhole ich monatlich, manche sogar täglich. Weil ich befürchte, dass sie nicht in den süßen Köpfen meiner Kleinen ankommen. Aber vielleicht täuscht mein Eindruck auch. Marno führt sich zwar nicht wie ein Musterknabe auf, aber: Er kann inzwischen ganz prima unterscheiden, was richtig und falsch ist. Und deshalb habe ich immer öfter das Gefühl, dass wir uns so langsam gegenseitig erziehen!

Da wollten wir zum Beispiel zum Geburtstag einer Freundin und waren spät dran. Was mich dazu verführte, ein kleines bisschen mehr aufs Gaspedal zu drücken. Was kam vom Rücksitz? „Mami, hier darfst du nur 50 fahren. Da stand doch gerade ein Schild!" Mopse ich im Supermarkt eine Weintraube, um den Geschmack zu testen, höre ich garantiert von ihm: „Man darf nicht klauen!" Und gehe ich bei Minus-Temperaturen ohne Mütze aus dem Haus, mahnt er: „Da kannst du dich aber ganz schön erkälten!" Mal ganz zu schweigen von den vielen kleinen Rügen. Zum Beispiel, wenn ich mit einem Rest-Stück Nahrung im Mund anfange zu reden ("Mit vollem Mund …"). Manchmal frage ich mich da: Haben wir jetzt hier vertauschte Rollen? Und wohin soll das führen?

Irgendwann passt Marno bestimmt darauf auf, mit wem ich verabredet bin, was ich anhabe und wann ich nach Hause komme … Aber ich will gar nicht meckern. Ich stimme Marno einfach zu, gebe mich schuldbewusst und freue mich darüber, wie gut meine Erziehungsregeln doch bei ihm ankommen. Sogar meine kleine Tochter und seine kleine Schwester Marla zeigt inzwischen schon mütterliche Anwandlungen. Gestern wollte ich einen Topf in den Kühlschrank verfrachten. Dabei fiel mir ein Eierkarton samt klebrigen Inhalt auf den Boden. Und was kam von meinem Töchterchen? "Aber Mami, das sagt man nicht!" Hatte ich doch tatsächlich mal wieder das verbotene „Sch…"-Wort vor mich hin gemurmelt.

Geteiltes Leid
ist wirklich halbes Leid

Aus Marlas Kindergarten-Gruppe trafen sich alle Steppkes samt Eltern – und zwar im Garten eines kleinen „Kollegen" zu einem gemütlichen Nachmittag mit Keksen und Punsch am Feuerkorb. In diesem Garten gab es zwei Schaukeln. Was bei 23 Minis irgendwann erst zu leichtem Geschubse führte. Und bei Marla später – als es mal wieder jemand schneller als sie auf den Schaukel- sitz geschafft hatte – zu einem frustrierten und ziemlich lauten Heulkrampf („Uäääh, ich war aber jetzt dran mit Schaukeln"). Daraufhin lächelte mich eine Mami, die die Szene beobachtet hatte, selig an und sagte: „Ist das schön!" Ich: „Was denn?" Und sie: „Dass Marla auch mal knat- schig werden kann. Das habe ich bei ihr noch nie gese- hen. Es ist total beruhigend, dass nicht nur mein Kind manchmal durchdreht."

Da musste ich dann auch lächeln – denn sie hat ja so was von recht! Marno zum Beispiel hatte mit etwa drei Jahren so eine Phase, in der er sich vor jedem Bäcker auf den Boden setzte. Und nicht mehr aufstehen wollte, bis er ein Brötchen in seine kleine Finger kriegte. Häufige Folge: Ein Mutter-Sohn-Kampf inklusive Kullertränen vor Zorn bei ihm und blanken Nerven bei mir. Wie schön fand ich es in dieser Zeit, wenn ich andere Kinder gesehen habe, die sich auch „daneben benommen" haben. Nicht aus Schadenfreude oder weil ich das deren Müttern auch nur ansatzweise gegönnt hätte. Sondern einfach, weil es mir dieses beruhigende Gefühl gegeben hat: „Bei uns ist alles normal – andere Mamis haben den gleichen Stress."

Zwar soll man seinen Nachwuchs nicht ständig mit anderen Kindern vergleichen – aber manchmal tut es eben einfach nur gut. Sogar heute noch, wo es längst nicht mehr um den Lautstärke-Pegel im Restaurant oder den Wutanfall an der Supermarktkasse geht. Eine Freundin, deren Sohn mit Marno in die gleiche Klasse geht, rief an und wollte kurz wissen, wie Marnos Mathetest gelaufen sei. Als ich ihr erzählte, dass er fast die gleiche Fehlerzahl wie ihr Sohn hat, besserte sich ihre Laune merklich. Und sie sagte: „Ach, dann bin ich ja beruhigt!" Geteiltes Leid ist eben wirklich halbes Leid – auch, oder ganz besonders, für verzweifelte Mütter!

Gönnen Sie sich auch mal eine Trotzphase!

Marla hat ein neues Lieblingswort und das heißt „nein". Setzt du dich bitte? Nein! Komm an die Hand! Nein! Lass uns mal die Jacke anziehen! Nein! Dazu wildes Kopfschütteln und für die junge Dame ist die Sache erledigt. Für mich geht's dann erst los. So ein Marathonlauf durch die Wohnung mit Kinder-Jacke in der Hand kann anstrengend werden …

Was tröstet: Experten wissen, dass diese „Nein"-Phase für die Kleinen ungemein wichtig ist. Sie stärkt nämlich ihr Selbstbewusstsein! Und davon soll Marla – egal, wie nervig diese kindliche Trotzphase mitunter auch sein kann – ruhig eine große Portion abkriegen! Ich glaube sogar: Wenn wir Frauen öfter „Nein" sagen und ein bisschen trotzen würden, könnte das auch unser Selbstbewusstsein stärken. Aber leider haben wir den Mut dazu beim Erwachsenwerden verloren. Antworten Sie etwa im Restaurant auf die Frage, ob es geschmeckt hat, immer ehrlich? Oder neulich im Eis-Café. Der Kellner wuselt die ganze Zeit um meinen Tisch rum, aber ignoriert sowohl meine Handzeichen als auch meine Rufe komplett. Nach 25 (!) Minuten bequemt er sich endlich zu einem unfreundlichen „Ja?" Und was mache ich? Bestelle brav Espresso und Mickey-Maus-Becher statt zu sagen: „Nein, jetzt will ich nicht mehr!"

Bei mir siegt das Harmonie-Engelchen auf der einen Schulter meistens über den Trotz-Teufel auf der anderen. Da werden Gefallen erledigt („Kannst du uns kurz zum Flughafen fahren?"), für die keine Zeit ist. Dem Chef zugestimmt („Ja, war mein Fehler"), weil man nicht mit ihm streiten mag. Oder der Bekannten zugelächelt („Mein Sohn hat eine Hochbegabung"), obwohl man anderer Meinung ist. Dabei kann es befreiend sein, öfter mal „Nein" zu sagen. Dazu hatte ich gerade Gelegenheit. Nach der Autoinspektion waren neben neuen Bremsbelägen angeblich auch neue Scheibenwischer nötig. Dabei wischten die alten noch eins A – ich hatte sie selbst vor drei Wochen gewechselt. Diesmal hat mein Harmonie-Engel verloren: Ich habe die Wischer nicht bezahlt. Und gemerkt: Ein wenig Mut tut wirklich gut!

3
Eltern-Glück

Mit Kindern gibt's immer was zu feiern

Als ich mich (bis auf einen stetig wachsenden Schwangerschaftsbauch) kindermäßig noch im absoluten Tal der Ahnungslosen befunden habe, hörte ich auf Festen und an fröhlichen Kneipen-Abenden mindestens einmal diesen Ratschlag: „Genieß die Zeit jetzt bloß! Bald kannst du nicht mehr so feiern!" Gefolgt wurde dieser Tipp meist von einem leicht mitleidigen Lächeln …

Heute, zwei Sprösslinge schlauer, muss ich sagen: Ja, auf der einen Seite hatten die Party-Pessimisten tatsächlich recht. Logisch, mein Mann Carsten und ich kommen abends wirklich kaum noch vor die Tür. Neue Kino-Hits kennen wir nur vom Trailer aus dem Fernsehen. Und ohne unser „Netzwerk" (an dieser Stelle ein ganz dickes Danke an Omi und Opi!) müssten wir sogar die tollste Party-Einladung absagen.

Doch jetzt kommt mein großes *Aber,* denn: Trotzdem haben wir noch nie so viel gefeiert wie in den letzten sechs Jahren. Und das nicht nur, weil es in unserer Familie jetzt zwei Geburtstage mehr gibt. Sondern vor allem, weil Kinder einem einfach viele neue Gründe zum Feiern geben! Sie bieten uns so viele „Premieren", über die man sich freuen kann. Auf die man einfach anstoßen muss. Das geht schon im Babyalter los: Mit dem ersten Zahn, dem ersten Schritt, dem ersten gesprochenen „Mama". Später dann der erste Tag im Kindergarten ohne Tränen, das erste Fußballtor, die erste Zahnlücke. Und wenn ich mal ein wenig in die Zukunft schaue, sehe ich noch zig Jubeltage: Erster Schultag, erste Eins (?), Schulabschluss …

Natürlich begehen wir unsere kleinen „Feiertage" meistens in trauter Zweisamkeit am heimischen Küchentisch. Wird es dann mal so richtig spät, ist der Weg ins Bett nicht weit … Nachteil allerdings: In Sachen „Szene-Restaurants" und „In-Clubs" können wir überhaupt nicht mehr mitreden. Aber das wird sich ja auch wieder ändern. Irgendwann sind die Kinder groß und die Zeit ihrer „Premieren" ist vorbei. Dann feiern Carsten und ich einfach die „Jubiläen" – und das ganz bestimmt auch mal außer Haus!

Kartons voller
süßer Erinnerungen

So langsam mache ich mir Sorgen, dass wir bald in eine Wohnung umziehen müssen, die ein Zimmer mehr hat. Damit wir genug Platz haben, um all die Bilder und Basteleien unterzubringen, die man so im Laufe der Jahre von seinem Nachwuchs geschenkt bekommt. Ich frage mich wirklich: Was machen andere Mütter mit den Hunderten von kleinen Kunstwerken, die sich so ansammeln?

Bisher habe ich Marnos künstlerische Ergüsse in einem umzugskistenähnlichen Karton untergebracht. Der platzt jetzt bald aus allen Nähten. Und ich befürchte, ein neuer Karton wird mindestens doppelt so schnell gefüllt sein. Weil Marla nun auch ihre kreative Ader entdeckt hat. Mindestens dreimal am Tag setzt sie sich an ihr Tischchen. Malt dann konzentriert ein paar Kringel und Linien auf das Blatt. Mit dem kommt sie dann stolz angelaufen: „Maaami, schenk ich dir!" Natürlich könnte ich mich bedanken und den Zettel im Müll verschwinden lassen. Aber das bringe ich einfach nicht über mein Mutterherz.

Und deshalb beschrifte ich jedes Werk sorgfältig mit Namen und Datum und packe es in den besagten Karton. Zu den zahlreichen Weihnachts-, Frühlings-, Oster-, Herbst- und Winterbildern, die Marno in Kindergarten und Schule gefertigt hat. Zu den getrockneten Blättern, die liebevoll aufgeklebt wurden. Den mit Krepppapier beklebten Gläsern. Den Watte-Engeln. Und den modernen Werken aus der frühen Benjamin-Blümchen-Phase, der Dino-Periode oder der Flugzeug-Ära!

Carsten hatte schon die Idee – Männer haben ja bekannterweise einen großen Hang zur Technik – doch einfach alle Bilder einzuscannen und dann auf CD zu brennen. Spart ja ungeheuer Platz. Aber dann fehlt diesen süßen Kindergeschenken doch irgendwie die Seele, oder?

Also werde ich wohl einfach weitersammeln und unseren Vermieter in ein paar Jahren um einen zweiten Kellerraum anbetteln. Um dort dann, wenn die Kinder mal aus dem Haus sind, seufzend in den mindestens vierzig Kartons zu wühlen und mich an die schönen Zeiten zu erinnern, als ich von meinen Süßen noch jeden Tag so reich beschenkt wurde!

Am Ende wird immer alles gut!

Als Marla heute früh aufgewacht ist, hat sie sofort fröhlich angefangen zu singen. Jetzt werden Sie vielleicht denken: „Wie schön, na und? Ist doch ganz normal!" Stimmt auch. Nur für uns sollte es das eigentlich nicht sein. Denn als Marla noch einen guten Kopf kleiner war, hat sie, sobald sie morgens die Augen aufgeschlagen hatte, erst mal aus voller Kraft gebrüllt. Abende lang haben Carsten und ich uns die Köpfe darüber heiß geredet, warum, wieso und weshalb das Mädchen denn bloß so unzufrieden aufwacht. Und jeden Morgen auf den Urschrei aus dem Kinderzimmer gelauert.

Irgendwann kam der dann nicht mehr. Und das Komische daran war: Wir haben es noch nicht mal gemerkt! Erst Wochen später fiel uns auf: Hey, Marla wird ja jetzt immer ganz gut gelaunt wach. Und inzwischen ist diese morgendliche Fröhlichkeit längst nichts Besonderes mehr! Seltsamerweise ist das mit allen „blöden" Zeiten so, die die Kleinen durchleben.

Und davon gibt es ja so einige: Die „Trotz-Phase", die „Ich-will-alles-alleine-machen-Phase", die „Meine-Windel-gebe-ich-nie-her"-Phase und so weiter. Steckt man als Eltern da mittendrin, sehnt man nichts mehr herbei, als dass diese Zeit ein Ende nimmt. Ist sie dann aber vorbei, folgt keine Party, kein Helau, kein Konfetti-Regen. Dann ist es eben einfach so. Schade! Denn wenn ich gerade so drüber nachdenke, könnte ich ordentlich feiern. Zum Beispiel, dass Marla sich anstandslos die Zähne putzen lässt. Nicht mehr bei jedem blinkenden Auto vor dem Supermarkt einen Heulkrampf bekommt. Und schon allein ihre Spaghetti dreht. Dass Marno keine „Sitzblockaden" mehr vor Bäckern macht. Versteht, dass Rund-um-die-Uhr-Fernsehen nicht okay ist. Und seinen Teller nicht nur abräumt, sondern sogar sonntags alleine das Frühstück macht!

Aber so ist es wohl mit den meisten Dingen im Leben: Die schönen Sachen weiß man oft zu wenig zu schätzen! Deshalb werde ich meine zwei Süßen, wenn sie nachher aus Kindergarten und Schule zurück sind, ordentlich knuddeln und loben. Und blicke ihren nächsten „Nerv-Phasen" ganz gelassen entgegen. Ich weiß ja: Alles wird gut!

Schrecklich-schöne Zeit
ohne Kinder

Es gibt solche Tage, die kennen wohl alle Eltern: An denen ist man einfach genervt, sehnt den Sandmännchen-Feierabend herbei und wünscht sich weit weg auf eine einsame Insel, irgendwo in der Südsee mit einem Koffer voller Bücher. Oder würde den Nachwuchs herzlich gern endlich mal wieder für zwei Tage an die Großeltern oder andere liebe Ersatz-Betreuer „ausleihen"! Mein Mann und ich hatten so ein „Zurück in die kinderlose Vergangenheit"-Wochenende. Und was passierte, als unsere Süßen aus der Tür waren? Da saßen Carsten und ich ein wenig planlos mit unseren Kaffeetassen am Küchentisch. Lauschten der ungewohnten Stille ohne „Mami"- oder „Aua"-Rufe! Und wussten vor lauter Zeit erst einmal gar nicht, was wir mit ihr anfangen sollten!

Natürlich haben wir die 48 Stunden als halbe Familie dann doch schnell richtig genossen. Endlich mal tun und lassen, was man will. Und zwar auch gleich dann, *wann* man es will. Händchen halten mit dem Mann statt mit den Kindern. Total abschalten! Nicht auf die Uhr gucken müssen – herrlich! Doch weil so viel Freiheit ganz schön ungewohnt ist, waren unsere Kleinen trotzdem immer ein bisschen bei uns! Ob beim Gespräch im Restaurant („Marno und Marla werden bestimmt auch mit ganz vielen Leckereien verwöhnt"), beim Spaziergang („Was die zwei jetzt wohl gerade anstellen mit Omi und Opi?") oder beim Aufwachen („Findest du die Ruhe im Haus auch soooo seltsam?!").

Denn was wir uns vorher so herbeigesehnt hatten – nämlich endlich mal wieder bis in die Puppen auszuschlafen wie in unserer kinderlosen Zeit – hat leider so gar nicht geklappt! Spätestens um halb neun waren wir putzmunter. Da hat der Nachwuchs wirklich ganze Arbeit geleistet beim Programmieren unserer inneren Uhr! Komischerweise und sehr zu meinem Bedauern funktionierte die Montag früh dann leider nicht mehr so perfekt. Da klingelte der Wecker – und ich war hundemüde! Aber ich habe mich trotzdem riesig gefreut: auf den ganz normalen Familien-Alltags-Wahnsinn mit Marno und Marla. Und auch ein ganz klein wenig schon auf unsere nächsten (Eltern-)Freitage …

Kinder sind
der allerschönste Luxus

Eines ist ja völlig klar: Kinder sind absolut unbezahlbar! Trotzdem rechnen Experten immer wieder aus, was ein Knirps seine Eltern bis zur Volljährigkeit so kostet. Nach neuesten Statistik-Daten sind das zurzeit genau 121 752 Euro – ein mögliches Studium übrigens nicht eingerechnet. Wenn ich das jetzt wegen meiner zwei Süßen mal verdoppele, wird mir schon ein bisschen schwindelig …

Und dabei bin ich sogar felsenfest davon überzeugt, dass die Rechenfüchse da noch so einige Euros vergessen haben. Zum Beispiel für die Dinge, die auf unerklärliche Weise regelmäßig verschwinden und dann mindestens quartalsweise neu gekauft werden müssen. Bei uns sind das zum Beispiel Brotdosen. Morgens war die Stulle noch drin – mittags ist sie weg. Und die Box gleich dazu. Oder Radiergummis. Marno hat seit seiner Einschulung bestimmt schon das zwanzigste „Raditschi" – wie es heute so im Schüler-Deutsch heißt – in seiner Federtasche. Denn obwohl er steif und fest behauptet, es nach dem Unterricht da reingepackt zu haben, ist es – *hex, hex* – beim Öffnen daheim einfach weg. Ähnlich gerne tauchen bei uns Trinkflaschen, Handschuhe, Haarspangen, Mützen, Turnbeutel, Zopfgummis, Bleistifte und Strümpfe immer mal wieder unter!

Und ob die Statistiker auch daran gedacht haben, dass nicht nur Babys im Krabbelalter den Kniebereich ihrer Hosen mächtig strapazieren? Ich weiß wirklich nicht genau (und will es auch lieber gar nicht wissen!), wie mein Sohnemann es schafft, dass bei ihm kaum eine Jeans vier Wochen „überlebt", ohne dass sie mindestens von einem Loch verziert wird. Oder Schuhe. Die sehen bei meinen Zwergen oft schon nach wenigen Tagen so zerfasert und zerfetzt aus, als hätten sie damit mindestens eine dreimonatige Dschungel-Expedition hinter sich gebracht.

Aber was soll die Rechnerei? Denn es lohnt sich sowieso nicht, darüber nachzudenken, was man sich von 121 752 Euro so alles kaufen könnte. Mein Haus, mein Auto, mein Boot? Nein! Gesunde und glückliche Kinder sind der größte und schönste „Luxus"!

So schön ist Urlaub
im eigenen Leben!

Wir hatten übers Wochenende Besuch von lieben Freunden aus Mülheim. Und wie man das mit Besuch so macht, der nicht dort lebt, wo man selbst wohnt, haben wir ihnen ein bisschen die Stadt gezeigt. „Schön habt ihr's!", sagten sie oft. Ich antwortete: „Ja, das stimmt!" Habe aber gedacht: Wann habe ich das eigentlich das letzte Mal so empfunden? Wann mich bewusst über die Umgebung gefreut, in der ich wohne? Habe mal neue Ecken erkundet? Das war schon ganz schön lange her! Doch je mehr wir durch „unsere" Touristen selbst zu Touristen in der eigenen Heimat wurden, desto stärker kam das Gefühl in mir hoch: Ja, wir haben es wirklich schön hier!

Ein gutes Gefühl. Aber ist es nicht schade, dass man oft erst von außen auf das Glück im eigenen Leben gestupst werden muss? Und damit meine ich nicht nur den Blick für imposante Bäume oder Bauwerke, der uns gern mal abhandenkommt – sondern auch den Alltag. Da ist das nicht anders, da sind wir auch oft ganz schön „blind".

Carsten hat mir zum Beispiel vor seiner letzten Dienstreise eine liebe Nachricht an die Küchentafel geschrieben. Als eine Freundin die entdeckte, sagte sie: „Das ist ja süß von ihm!" Mir hingegen schwirrte viel mehr das Klamotten-Chaos im Kopf rum, das er mir auch hinterlassen hatte. Und die Tafel-Botschaft wurde dadurch irgendwie zur Nebensache ... Mit dem Nachwuchs ist das nicht anders. Wie oft ist man genervt, weil das Zimmer nicht aufgeräumt ist, die Note in Mathe schlecht, die x-te Hose ein Loch hat oder sonst irgendwas nicht so läuft, wie wir es uns wünschen. Machen wir uns eigentlich genauso häufig die tollen Seiten unsere Kinder bewusst? Zum Beispiel ihre Begabung für Kunst? Das Fußballtalent? Oder ihre liebevolle Art, uns am Wochenende mit einem Küsschen zu wecken?

Ich glaube, sich selbst öfter mal einen „Stups" zu geben, ist ein richtig guter Trick, um zu sehen, wie viel Schönes das Leben für uns bereithält. Auf jeden Fall ist es eine spannende Reise, als „Tourist" im eigenen Alltag unterwegs zu sein. Und das Tolle daran: Der Trip kostet nicht einen Cent – ist aber jede Menge wert.

Kinder halten jung
– aber nicht immer ...

Kinder halten jung, sagt man. Ist ja auch was dran. Aber manchmal machen gerade sie einem auch bewusst, dass die Teenie-Zeit nun doch schon ein Weilchen vorbei ist ... Mir erging es gerade mal wieder so, als ich mit Marno unseren Keller aufgeräumt habe. Neugierig steckte er seinen Kopf in alle Kisten und fragte plötzlich: „Mami, was ist das denn?" Er hatte meine Schallplatten-Sammlung entdeckt! Und konnte mit den großen schwarzen Scheiben logischerweise gar nichts anfangen. Genauso wenig wie mit dem 10-Pfennig-Stück, das ihm neulich in die kleinen Finger gefallen ist.

„Mit diesen Münzen haben wir bezahlt, als du noch nicht auf der Welt warst. Da gab's nämlich nicht Euro und Cent, sondern Mark und Pfennig", habe ich ihm erklärt und kam mir dabei wirklich ein wenig vor wie meine eigene Urgroßmutter. Aber Marno hörte fasziniert zu. Und ich dachte: „Hilfe, ich werde doch tatsächlich alt!" Nun ist es nicht so, dass mir das zum ersten Mal aufgefallen wäre. Blättere ich zum Beispiel durch Fotoalben, die älter als fünf Jahre sind, muss ich selbstkritisch zugeben, dass man diese Jahre durchaus sieht.

In meinem Badezimmerschrank hat sich die Anti-Augenfalten-Creme einen Stammplatz erobert. Die Leidenszeit nach durchfeierten Nächten wird langsam aber stetig länger. Und wenn im Radio ein Oldie-Sender dudelt, möchte ich dem Moderator immer öfter zurufen: „Hey, das ist doch überhaupt kein Oldie!" *Elvis* und *Abba,* einverstanden. Aber doch nicht *Falco* oder *Frankie goes to Hollywood!*

Die Zeichen der Zeit werden einem immer irgendwo und irgendwie bewusst gemacht. Da kann man noch so sportlich, trendbewusst und „up to date" sein … Trotzdem gilt auch weiterhin der gute alte Volksmund: Du bist immer so alt (oder jung!), wie du dich fühlst. Und da schwanke ich sehr zwischen 50 plus (Kinder krank, Kopfschmerzen, Auto mal wieder kaputt) und 15 (Sonntag früh, Familie macht für mich das Frühstück, ich schlafe aus)!

4

Weiber-Wirtschaft

Frauen brauchen größere Taschen

Die Freude war groß! Vor mir lag ein Wochenende in trauter Zweisamkeit (den lieben Großeltern sei Dank!) mit Carsten an der Ostsee. Dass ich dafür meine große Reisetasche aus dem Keller holen musste – logisch! Für mich jedenfalls. Mein Gatte hingegen guckte mich fassungslos an, als ich mit meinem Gepäckstück die Treppen hochstapfte. Und mir war klar, welche Frage jetzt von ihm kam: „Wie lange willst du denn bleiben? Zwei Wochen?"

Ich tat, als hätte ich nichts gehört und verschwand schweigend Richtung Kleiderschrank. Schließlich wusste ich selbst, dass die Größe meiner Tasche eigentlich nicht zur Länge unserer Reise passte. Aber wenn ich unterwegs bin, will ich für alles gewappnet sein. Man weiß doch nie, was so passiert. Stecke ich nur T-Shirts ein, wird es garantiert kalt. Deshalb muss ein dicker Pulli mit. Aber was, wenn ich mir den am ersten Nachmittag gleich mit einem Stück Schwarzwälder Kirschtorte bekleckere? Eben! Deshalb muss ein zweiter mit. Und so verhält es sich auch mit Hosen, Schuhen …

Meine prall gefüllte Tasche (Ehemann-Kommentar: „Sag mal, hast du unser halbes Bücherregal eingepackt?") und ich waren jedenfalls schon am Nachmittag vor Abreisemorgen startklar. Während meine bessere Hälfte noch am Abend seelenruhig auf dem Sofa hockte. Natürlich – typisch Mann – ohne gepackte Tasche. Mein vorsichtiges Drängeln half nichts. Schließlich habe er ja dafür auch noch morgen früh Zeit.

Was soll ich sagen? Wir sind pünktlich losgekommen. Er mit einer – wie ich finde – Mini-Tasche und ich mit meiner großen. Doch ich glaube, dass ich mit meiner „Alles-muss-mit"-Mentalität unter uns Frauen nicht ganz allein bin, oder? Als ich nämlich einer Freundin erzählte, dass wir in unseren Sommerurlaub nur (!) drei große Koffer plus Handgepäck mitgenommen haben, sagte sie (auch mit Mann und zwei Kindern) bewundernd: „Wow! Das schaffen wir nie!" Aber noch mal zurück zum Ostsee-Trip: Natürlich habe ich dort nicht die Hälfte der Klamotten gebraucht. Aber es war ein gutes Gefühl, alle dabei gehabt zu haben!

Der Plan
vom „ruhigen Abend"

Die Kinder im Bett, Carsten mit einem Kumpel auf ein Bierchen weg – ein Abend ganz für mich allein! Auch mal schön, dachte ich und stellte mir im Geiste schon beim Frühstück am Morgen mein Solo-Programm für den Feierabend vor: Zuerst entspannt ein Bad nehmen samt Masken für Haut und Haar, anschließend einen Schlummertrunk in der Küche und dann mit dickem Schmöker früh ins Bett. Wann macht man so was denn schon mal?!

Also Küsschen eins für den Ehemann an der Haustür, Küsschen zwei und drei für die Kinder am Bett. Mein Single-Abend kann beginnen! Aber wie heißt es so schön: Erstens kommt es anders, und zweitens als man denkt. Denn als ich gerade Richtung Bad gehe, klingelt das Telefon. Eine Frau will mit mir eine Umfrage machen – ich will nicht. Zweiter Versuch Richtung Bad. Jetzt ruft Marno. Da ist ihm doch glatt im Halbschlaf eingefallen, dass er seine Mathe-Hausaufgaben vergessen hat. Kann man um diese Uhrzeit nicht mehr ändern, finde ich.

Kann man doch, findet er. Nach zehnminütiger Diskussion habe ich meinen Erstklässler davon überzeugt, dass wir Morgen wegen Mathe zehn Minuten früher aufstehen. Dritter Versuch Richtung Bad – Tür zu, puh! Wasser in die Wanne – nein, stopp! Da lagern noch zig Plastikschildchen und eine Mannschaft Playmo-Männchen, mit denen Marno und Marla am Nachmittag Piratenüberfall gespielt haben. Hatte ich nicht gesagt, die sollen sie wieder mit in ihre Zimmer nehmen? Egal! Wanne ausgemistet, endlich entspannen! Da klingelt wieder das Telefon. Ich ignoriere es. Aber mit der Entspannung ist es irgendwie vorbei.

Noch mit Handtuch auf dem Kopf höre ich den Anrufbeantworter ab. Eine Freundin ist drauf – ich rufe zurück! Nach dem Gespräch ist mein Haar – ganz ohne Föhn – trocken. Jetzt aber schnell ins Bett. Gerade unter der Decke klingelt wieder das Telefon. Carsten ist dran. Sein Freund müsse am nächsten Morgen früh raus, er sei schon auf dem Heimweg. Also Buch wieder weg, raus aus dem Bett. Meinen eigentlich schon vorher eingeplanten Schlummertrunk haben wir dann gemeinsam in der Küche zu uns genommen. Der entspannte Abend – da war er dann doch noch!

Schuld ist nur
das Shopping-Gen

Für eine Studie wurden Männer befragt, was sie an ihrer Frau am meisten nervt. Und mehr als die Hälfte von ihnen hat gesagt: Sie shoppen einfach zu lange und zu oft! Es tut mir wirklich leid für die Männerwelt, dass sie beim Einkaufen kollektiv leidet, während wir munter von Kleiderbügel zu Kleiderbügel rennen. Aber für unsere Shopping-Lust gibt es eine ganz einfache Erklärung (und damit auch eine Entschuldigung, Jungs!): Sie liegt bei uns in den Genen! Das hat zwar keine Studie herausgefunden, sondern das behaupte ich jetzt einfach mal. Es muss einfach so sein! Als Beweis reicht da schon aus, mein Töchterchen beim Einkaufsbummel zu beobachten!

Ein Beispiel: Da wollten wir in einem Kinderladen nach einer Hose für Marno gucken. Während der jede Jeans, die ich ihm präsentierte, mit einem eher uninteressierten „ja, schön" kommentierte, war Marla sofort zwischen den Regalen und Ständern verschwunden. Und tauchte erst in der Schlange an der Kasse wieder auf. Dort stand sie stolz – beladen mit einem pink-rosa-roten Klamottenberg. Und erklärte der Kassiererin: „Das nehme ich alles, das finde ich toll!" Klar, dass sie sich von ihrer „Beute" nur ungern wieder trennen wollte. Genauso wie von dem Laden überhaupt. Während Marno am Ausgang schon genervt mit den Füßen scharrte, war seine Schwester „nur noch mal kurz" zu den Ketten, Mützen, Haarspangen, Strümpfen und so weiter entschwunden.

Genauso unterschiedlich ist das Geschwister-Verhalten in Schuhläden. Marla untersucht die Regale sofort ausgiebig nach Teilen, die ihr gefallen: „Oh, Mami, wie schön, die haben Glitzer!" Während Bruder Marno nur wichtig ist, dass es im Geschäft eine Rutsche oder ähnliche Kinder-Attraktionen zum Zeitvertreib gibt. Und die verlässt er selbst zur Schuh-Anprobe nur äußerst ungern! Kein Wunder also, dass die Männer beim Einkaufen von unserer Ausdauer genervt sind. Aber da müssen sie nun mal durch. Wir können einfach nicht anders …

Raus aus der
Perfekt-Falle!

Vorhin hat sich Marla vor unseren großen Flurspiegel gestellt, sich eine Minute hin und her gedreht und dann stolz festgestellt: „Ich sehe heute hübsch aus!" Anders als ihr fällt mir jedes Mal, wenn ich vor diesem Spiegel stehe, garantiert etwas auf, was an mir besser aussehen oder besser sitzen könnte: Haare, Jeans, Make-up, Mantel ... Aber Selbstkritik ist ja sowieso so eine „Macke" von uns Frauen. Ich kenne kaum eine, die von sich sagt: Ich sehe toll aus, habe den besten Job, die schlausten Kinder, kann das leckerste Essen kochen, bin die perfekte Ehefrau und habe ständig die sauberste Wohnung. An irgendetwas haben wir doch immer etwas auszusetzen.

Ganz im Gegensatz zu meinen Kindern. Die finden sich absolut prima so, wie sie sind! Ziemlich beneidenswert, oder? Gerade hat Marno einen – ich sag es jetzt mal nett – mäßig guten Mathetest zurückbekommen. Anstatt sich zu ärgern, sagt er: „Nicht so schlimm, andere waren noch schlechter!" Oder beim Fußball: Wieder kein Tor geschossen. Egal, dann klappt es eben beim nächsten Mal! Das Lied auf der Gitarre klingt für meine Ohren noch ziemlich schräg. Er strahlt und sagt: „War doch schon viel besser, oder?" Von so viel Selbstbewusstsein würde ich mir wirklich gerne ein Scheibchen abschneiden! Aber auf dem Weg zum Erwachsenwerden kommt uns das wohl leider irgendwann abhanden.

Einfach schade! Sonst wäre es uns wunderbar egal, wenn die Kollegin anstelle von uns befördert wird. Die Nachbarin die zehn Kilo abgenommen hat, die wir auch längst gerne verloren hätten. Oder unerwarteter Besuch vor der Tür steht, der dann über Berge von Bügelwäsche und Bauklötzchen steigen muss.

Einfach komplett zufrieden sein mit dem, was man hat und wie man ist – warum schaffen wir das bloß irgendwann nicht mehr? Aber vielleicht können wir es ja wieder lernen! Indem wir aufhören, immer perfekt sein zu wollen und uns mit anderen zu vergleichen. Und uns stattdessen einfach öfter mal ganz kindlich vor den Spiegel stellen und sagen: „Mensch, was sehe ich heute doch wieder gut aus!"

Was Top-Manager
von uns lernen können

Mütter haben (und brauchen) Manager-Qualitäten, das ist bekannt. Sie kennen ja bestimmt diese Tage, an denen eine Kleinigkeit genügt, um die nächsten 24 Stunden völlig durcheinanderzuwirbeln … Wieder einmal rollte ich mich pünktlich aus dem Bett, schlenderte noch ein bisschen schlaftrunken ins Bad und spürte … brrr – kalt! Ein Griff an die Heizung machte klar: Hier funktioniert was nicht! Also ging der Weg nach der Dusche nicht direkt ins Kinderzimmer, sondern in Sachen Klempner ans Telefon. Das Gespräch dauerte höchstens zweieinhalb Minuten – aber danach lief einfach nichts mehr.

Marno trödelte extrem beim Anziehen. Sein Kindergarten-Rucksack blieb eine gefühlte halbe Stunde verschwunden. Und zur Krönung brauchte Marla – wir natürlich alle schon in Schuhen, Jacken und von Schals umwickelt – eine neue Windel … Danach also Marno abgeliefert, tief durchgeatmet, Stress abgehakt … dachte ich! Aber die Regel ist: Wenn es mal nicht rundläuft, geht gar nichts mehr!

Meine folgenden Tages-Erlebnisse in Kurzfassung: An der Supermarkt-Kasse saß ein Azubi an seinem dritten Arbeitstag (20 Minuten Wartezeit). Die sehnlich erwarteten Fotoabzüge hatten die falsche Größe (eine Minute Ärger). Bei der Bank ergatterte ich einen Luftballon am Tresen – während der Kontoauszugsdrucker wegen zu langer Abwesenheit meine Karte einsackte (drei Tage kein Bargeld). Und Marla schlief im Kinderwagen ein statt zu Hause im Bettchen (1 Stunde weniger Zeit für Hausarbeit). Dazu kam, dass sich meine ganze Vormittags-Hetzerei überhaupt nicht gelohnt hatte, weil der Klempner eine Stunde später als verabredet auf der Matte stand …

Heute geht die Heizung wieder und auch sonst alles. Deutschlands Top-Manager können wirklich was von uns Müttern lernen: Krisenfestigkeit. Und: Wenn wir Mamas uns verzetteln, müssen wir die Chaos-Suppe selbst auslöffeln. Es auf den Stellvertreter (Ehemann) abschieben? Der Belegschaft (Kinder) kündigen? Zum Glück absolut unmöglich!

Wir sollten weniger Zeit verplempern

Gerade habe ich mal wieder zehn Minuten nach meinem Schlüsselbund gesucht. Und da fiel mir etwas ein, das ich vor Kurzem gelesen habe: Forscher haben herausgefunden, dass Frauen – aufs gesamte Leben hochgerechnet – tatsächlich ganze 76 Tage in ihrer Handtasche kramen. Wahnsinn, oder? Schlappe zweieinhalb Monate verbringen wir damit, zwischen Portemonnaie, Kaugummis und Puderdose rumzuwühlen. Und ich könnte wetten, dass es bei mir (siehe Schlüssel) bestimmt 85 Tage werden …

Da möchte ich eigentlich gar nicht drüber nachdenken, womit wir noch so unsere Zeit verplempern. Wahrscheinlich schon in unserer Jugend so einige Tage mit dem Blick aufs Telefon oder alternativ beim Gänseblümchen-Rupfen: Ruft er an? Ruft er nicht an? Ruft er an? Und so weiter! Oder nehmen wir nur mal das Kochen. Wenn man 76 Tage in Taschen sucht, verbringen wir doch mindestens doppelt so viel Zeit damit, Kartoffeln zu schälen. Und das wären dann 152 Tage. Au weia!

Auf unsere trödelnden Kleinen zu warten, kostet uns garantiert auch einen ganzen Monat. Beim Supermarkt an der Kasse stehen? Da tippe ich doch glatt mal auf mindestens ein Jahr! Auf verspätete Busse, Bahnen und Flugzeuge warten? Ich denke, ähnlich lange. Föhnen und stylen, bis die Frisur sitzt? Wenn man da nur mal von zehn Minuten pro Tag ausgeht, macht das – ab Volljährigkeit bis zur durchschnittlichen Lebenserwartung für Frauen von achtzig Jahren gerechnet – 226 300 Minuten. Das sind 3771 Stunden oder fast 158 Tage.

Ein bisschen bringen mich diese ganzen Statistik-Zahlen schon ins Grübeln. Darüber nämlich, wie viel schönere und sinnvollere Dinge man mit so viel Lebenszeit doch hätte anfangen können oder anfangen kann. Zum Beispiel in den Urlaub fahren. Tolle Gespräche führen. Mit den Kindern toben. Romantische Abendessen genießen. Gute Bücher lesen. Neue Handtaschen kaufen … Aber Scherz beiseite: Mein Fernseher bleibt heute Abend aus. Denn wie viel wertvolle Lebenszeit man so vor der Kiste verbringt – darüber traue ich mich erst gar nicht nachzudenken!

Das „Schweigen der Männer" beginnt früh

Wenn ich telefoniere und mein Mann mir dabei zuhört, muss er regelmäßig schmunzeln. Nämlich darüber, dass ich mich während des Gesprächs zig Mal verabschiede, um dann aber doch noch minutenlang weiter zu plaudern, weil mir noch etwas „ganz Wichtiges" eingefallen ist. Typisch Frau eben! Denn wie heißt es doch so schön: Ein Mann, ein Wort – eine Frau, ein Wörterbuch …! Kerle haben es – und das ist ja auch längst bewiesen – nicht so mit der Kommunikation. Und ich stelle gerade fest: Dieses „Schweigen der Männer" muss einfach in den Genen liegen! Und es beginnt schon in ganz jungen Jahren …

Denn während Marla ihre Sätze gerne mit vielen *unds* und *abers* in die Länge zieht, neigt Marno immer mehr zur Einsilbigkeit. Was sich mit meiner mütterlichen Neugier nicht gerade prima verträgt. Kommt er aus der Schule, will ich natürlich wissen, wie sein Tag so war. Und was kriege ich als Antwort? Ein schlichtes: „Gut!"

Also bohre ich weiter. Was habt ihr gemacht?

„Mathe!" – Und in der Pause? – „Ticken!" – Mit wem? – „Weiß ich nicht mehr!" Manchmal komme ich mir schon vor wie eine Polizistin, die gerade ein Verhör führt. Und bin mir absolut sicher: Marno geht diese Ausquetscherei bestimmt schon gehörig auf die Nerven! Aber irgendwie muss ich als Mutter ja an Informationen kommen … Anderen Müttern aus Marnos Klasse – wohlgemerkt von Jungs – geht es in Sachen Infos auch nicht viel besser. Unsere „Rettung": eine Art Telefonkette! Es ist einfach ungemein aufschlussreich, in regelmäßigen Abständen mal miteinander zu sprechen. Da hört man immer wieder Neuigkeiten („Ach, das sollen sie mitbringen? Wusste ich noch gar nicht!") und kann zur Aufklärung beitragen („Marno hat erzählt, dass …"). Und so wird dann aus vielen kleinen Puzzle-Teilen doch noch ein einigermaßen fertiges Bild. Oder um mal bei der Polizistin zu bleiben: Aus den spärlichen Berichten, die unsere kleinen Kerle so zu Hause abgeben, reimen wir uns den Tathergang Schule zusammen!

Ich bin mal gespannt, wie das bei Marla in diesem Alter wird. Denn bisher quasselt sie den lieben langen Tag. Und das sogar ganz ungefragt!

5
Männer-Welten

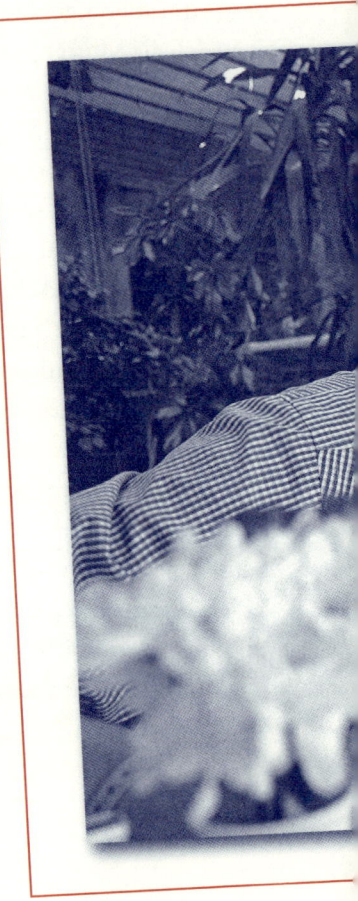

Ein Mann erspart
den Handwerker?

Gehören Sie zu den Frauen, die mit Stichsäge und Bohrmaschine genauso gut umgehen können wie mit Wimperntusche und Lippenstift? Absolut beneidenswert! Dann stört es Sie wahrscheinlich auch überhaupt nicht, wenn in Ihren vier Wänden mal etwas kaputtgeht. Mit meinen Handwerkskünsten ist es leider nicht so weit her. Glühbirnen eindrehen und Ikea-Schränke zusammenbauen – das geht gerade noch. Viel mehr aber auch nicht. Und nicht zuletzt deshalb bin ich froh, einen Mann an meiner Seite zu haben! Und zwar einen ganz typischen: Sobald bei uns daheim gerätetechnisch was nicht mehr funktioniert, fühlt er sich zum Handwerker berufen. Meistens kriegt er auch alles wieder repariert! Allerdings gibt es ein paar defekte Dinge, die einfach eine Nummer zu groß sind.

So eine Nummer war zum Beispiel unsere Esstisch-Lampe – plötzlich war's zappenduster! Ich: „Soll ich den Elektriker anrufen?". Er: „Ach nöö, das kriege ich allein hin!" Fazit nach zwei Abenden Arbeit inklusive viel Gefluche: viel neu gekauftes Werkzeug, eine aufgebrochene Zimmerdecke und eine Lampe, die immer noch nicht leuchtet. Der dann endlich doch herbeigerufene Experte stellte fest, dass gar kein Kabel, sondern der defekte Sicherheitskasten das Problem war. Ähnlich verhält es sich mit unseren Holztüren. Die brauchten dringend einen neuen Anstrich und wurden deshalb von meiner besseren Hälfte vor einem halben Jahr voller Eifer perfekt abgeschliffen …

Aber was soll ich sagen: Die Türen warten immer noch auf ihre Farbe! Natürlich will ich hier nicht alle Männer über einen Kamm schweren. Es gibt ganz bestimmt Exemplare, für die noch nicht mal ein Feuer spuckender Herd ein Problem ist und die nach Feierabend nichts lieber tun als an Haus und Hof herumzuwerkeln.

Aber alle anderen dürfen ruhig mal ein bisschen Schwäche zeigen und einsehen, dass man(n) nicht alles können muss. Geld spart die Fachmann-Hilfe zwar nicht. Aber jede Menge Zeit und Nerven …

Fernsehabend?
Das heißt: Er zappt ...

Die Kinder schlafen, draußen regnet's: optimale Ausgangssituation für einen gemütlichen Fernsehabend zu zweit! Aber was heißt zu zweit? Beim TV-Gucken ist bei uns zu Hause noch eine Dritte im Bunde: die Fernbedienung! Neigt Ihr Mann auch dazu, dieses handliche Teil nie aus den Fingern zu legen? Meiner jedenfalls scheint mit der Fernsehknipse verwachsen zu sein ...

Deshalb hält er es für überflüssig, vorm Einschalten auch nur einen Blick in eine Programmzeitschrift zu werfen. Aus seiner Sicht verständlich. Schließlich zappt er sich – kaum ist die Kiste an – im 15-Sekunden-Takt von Kanal 1 bis 28. Nur, um danach wieder von vorn anzufangen. So sieht man, zumindest seiner Meinung nach, dann doch auch, was es alles so gibt. Erst, wenn etwas Fahrendes, Fliegendes oder Wissenschaftliches auf dem Bildschirm zu sehen ist, bleibt sein Finger ein paar Sekunden länger über der Fernbedienung hängen ... Schade nur, dass Flugzeuge und Autos nicht zu meinem bevorzugten Interessensgebiet gehören.

Und ich im Gegensatz zu meinem Liebsten bei dem Gezappe leider so gar nicht mitkriege, was läuft. Also sitze ich dann leicht hektisch neben ihm und rufe Sätze wie „Warte, was war das denn da eben?" oder „Stopp, lass das mal kurz an!" Meistens allerdings erfolglos, weil mein Göttergatte längst zwei Kanäle weiter ist …

Aber kein Grund zum Mitleid: Wir kriegen unsere gemütlichen Fernsehabende trotzdem hin! Denn erstens gibt es ja DVDs. Zweitens habe ich mich an seine typisch männliche Fernseh-Hektik längst gewöhnt. Und eine wunderbare Anti-Zapping-Lösung gefunden. Die funktioniert so: Ich gucke in die Programmzeitschrift, mache drei TV-Vorschläge und bestehe dann „streng" darauf, den gemeinsam ausgewählten Sender auch anzulassen.

Beine hoch, endlich Entspannung! Allerdings gebe ich zu: Vom Sofa wegbewegen darf ich mich danach nicht mehr. Denn nach einem Werbepausen-Gang Richtung Küche, Bad oder Waschmaschine läuft – *zapp, zapp, zapp* – garantiert ein anderer Kanal!

Von Männern lernen
– und sich Zeit lassen

Wieder mal wurde durch eine Studie wissenschaftlich bewiesen: Wir Frauen sind – im Gegensatz zum männlichen Geschlecht – *multitask!* Was auf gut Deutsch schlicht heißt, dass wir ganz prima mehrere Dinge gleichzeitig tun können. Und die Männer eher eine Sache nach der anderen abarbeiten. Beim Schreiben dieser ersten Zeilen guckte mir gerade meiner über die Schulter und murmelte gleich: „So ein Quatsch!" Ich hingegen glaube dieser Studie sofort.

Ich war einkaufen und kaum wieder zur Tür rein, da rief eine Freundin an. Während ich mit ihr die Neuigkeiten des Tages austauschte, habe ich die Tüten ausgepackt, die verknoteten Angeln von Marnos Fische-Spiel entwirrt, Blumen gegossen und Badewasser für die Kinder eingelassen. Aufgelegt, Wanne noch nicht ganz voll? Da wurde dann noch schnell der Abendbrottisch gedeckt, sich nach den verstreuten Lego-Steinen im Wohnzimmer gebückt und die Post durchgesehen. Haben Sie schon mal einen Mann so durch die Wohnung wuseln sehen? Eben!

Männer-Welten

Bei ihnen läuft es doch eher so: E-Mails ansehen – Punkt – aufräumen – Punkt – telefonieren – Punkt – Bier aus dem Kühlschrank holen – Punkt. Da sind sie wie Pferde vor der Kutsche: Scheuklappen auf – und voll auf eine Aufgabe konzentriert! Jetzt höre ich schon im Geiste eine ganze Herrenmeute meckern: „Wir könnten auch alles gleichzeitig. Aber was bringt das?" Und, mal ehrlich, vielleicht haben sie gar nicht so Unrecht ...

Bekanntlich liegt die Kraft in der Ruhe. Und tatsächlich habe ich am Ende eines Tages, trotz meines wissenschaftlich bestätigten Vielfach-Talents, nicht immer das Gefühl, alles erledigt zu haben. Deshalb kommt mir der Verdacht, dass unsere viel gerühmte weibliche „Multitask"-Fähigkeit nichts weiter ist als dieser – eben typisch weibliche! – Wunsch, sich immer um alles und jeden kümmern zu wollen. Schaffen wir so wirklich mehr? Wahrscheinlich nicht! Es gibt uns nur ein besseres Gefühl. Sollten wir uns deshalb nicht endlich mal ein Beispiel an den Männern nehmen? Genießen Sie den nächsten Spielfilm also doch mal auf dem Sofa – und nicht hinterm Bügelbrett!

Wenn Papa zur „Vater Morgana" wird

Wenn Mütter mit Kleinkindern sich zu einem gemütlichen Kaffeeklatsch verabreden, ist das Wort „gemütlich" eigentlich fehl am Platz. Denn nach spätestens einer halben Stunde ist die Hälfte aller vorhandenen Spielsachen in der gesamten Wohnung verteilt. Der Lautstärkepegel gleicht dem einer Bahnhofshalle. Und die mütterliche Unterhaltung besteht nur aus Halbsätzen, weil bei den Rackern zwischendurch abwechselnd dicke Krokodilstränen (Bobby-Car besetzt, Kuchen alle, Müdigkeit, Kopf gestoßen …) fließen. Schreckt uns Mütter das alles von einem Treffen mit der Freundin ab? Auf gar keinen Fall! Für Väter allerdings scheint so ein heimisches Kinderchaos schwerer zu ertragen zu sein als eine Job-Konferenz mit zwanzig durcheinander quatschenden Kollegen.

Und deshalb werden sie in solchen Situationen – frei nach dem Motto: Ich bin dann lieber doch nicht da – gern zur „Vater Morgana". Meinem Mann unterstelle ich jetzt hier jedenfalls, dass er am liebsten kehrtmachen würde, wenn er beim Betreten der Wohnung als Erstes über Lego-Steine und Puppenköpfe stolpert. Und statt der üblichen zwei die doppelte Menge an Kindern an ihm rumspringt. Komischerweise fällt ihm an solchen Trubeltagen immer etwas ein, was er noch unbedingt am Computer (natürlich hinter verschlossener Tür!) erledigen muss … Eine von mir durchgeführte – und damit nicht repräsentative – Umfrage hat ergeben, dass dieser Fluchtreflex ein typisches Männer-Phänomen ist.

Der Liebste einer Freundin hat sich beim vierten Geburtstag seines Sprösslings noch tapfer um die kleine Feier-Meute gekümmert. Seitdem aber hatte er an jedem weiteren Ehrentag (der Knirps ist inzwischen 8!) einen „ganz wichtigen Geschäftstermin". Solche Ausreden lässt sich ein anderer Bekannter gar nicht erst einfallen. Er ruft jeden Tag auf dem Heimweg vom Büro zu Hause an. Sind seine vier Wände noch von Kinderbesuch „besetzt"? Für den Fall hat er eine Sporttasche im Auto. Und powert sich dann noch ein Stündchen im Fitness-Studio aus. Na ja, dann ist er am Abend wenigstens genauso k.o. wie seine Frau.

Schlafen Väter wirklich tiefer?

Frisch und munter begrüßte mich mein Mann mit den Worten: „Na, gut geschlafen?" Ich konnte ihm nur müde entgegengucken. Denn meine Nacht lief so: Um 1.30 Uhr drang ein Hilfeschrei aus Marnos Zimmer, weil mein Sohn unterm Bett einen riesigen Mann vermutete. Gegen 4 Uhr weinte Marla bitterlich. Ihre Schmuse-Maus war ihr durch die Gitterstäbe ihres Bettchens geplumpst. Und eine Stunde später musste ich den Riesen aus Marnos Albtraum erneut verscheuchen. Nachdem ich Carsten von meiner Nachtschicht mit einer Netto-Schlafzeit von knapp fünf Stunden berichtet hatte, guckte der mich jetzt wiederum verdutzt an und beteuerte: „Echt? Ich habe überhaupt nichts gehört!"

Ich frage mich wirklich: Verlässt er sich einfach auf mich? Oder schläft er tatsächlich so, als hätte er Ohropax in den Gehörgängen? Wobei einem der Unterschied zwischen männlicher und weiblicher Schlaftiefe ja bewusst wird, sobald das erste Baby auf der Welt ist. Wer steht nachts auf, wenn das Kleine Hunger hat? Klar, die Frau Mama. Logisches Männer-Argument: Warum aufstehen? Schließlich können wir nicht stillen! Aber seltsamerweise bleibt's bei der Rollenverteilung meist auch – Macht der Gewohnheit – wenn das Fläschchen längst die Brust abgelöst hat …

Wirklich jede meiner Freundinnen kennt das Partnerspiel „Wer zuerst die Augen öffnet oder sich bewegt, hat verloren". Das startet mit den ersten Tönen, die morgens aus den Kinderzimmern zu hören sind. Und endet? Damit dass die Mamis „verlieren" und sich aus den Federn quälen … Aber ich glaube, wir Frauen müssen Verständnis für dieses Phänomen aufbringen. Bestimmt gibt's für das männliche Verhalten eine gute Begründung. Fehlender Mutterinstinkt vielleicht. Oder schlicht die Evolution. Sie waren schließlich mal Jäger, wir für den Nachwuchs da.

Ein wenig seltsam (aber auch beruhigend!) finde ich allerdings: Bin ich mal über Nacht nicht daheim, muss ich mir überhaupt keine Sorgen machen. Dann hört mein Mann nämlich selbst nachts um drei ganz wunderbar …

Besorgte Mütter,
coole Väter

Meine Freundin rief an: Sie war total k.o., hatte die halbe Nacht kein Auge zugekriegt. Im Gegensatz zu ihrem Göttergatten. Der ist heute fit und ausgeschlafen. Dabei hatten sie – so könnte man zumindest meinen – die gleiche Sorge. Ihr dreijähriges Töchterchen fing nämlich am Abend heftig an zu fiebern, die Temperatur stieg auf 40 Grad. Doch während meine Freundin am liebsten den Notarzt gerufen hätte und alle halbe Stunde ans Kinderbett rannte, schlief ihr Mann seelenruhig ein. „Er meinte nur, ich solle ihr ein Zäpfchen geben. Am nächsten Tag sei bestimmt alles besser", erzählte sie mir, immer noch empört über sein Verhalten.

Und ich dachte nur: Es hat wirklich seinen Grund, warum es den Begriff „bemuttern" gibt und „bevätern" eben nicht im Duden steht! Kerle sind bei Kindern einfach cooler! Wo wir Mütter schnell in Riesensorge bis Panik verfallen, bleiben sie ganz locker. Ich war jedenfalls immer fast dem Herzinfarkt nahe, wenn mein Mann unsere gerade mal ein paar Monate alten Kinder in die Höhe warf und sie wie ein Achterbahn-Waggon durch die Luft wirbelten. Oder im Sommerurlaub: Während ich noch darüber nachgrübelte, wie gefährlich Wellen doch für kleine Menschen sein könnten, paddelte Carsten schon mit Marno im Kanu aufs Meer hinaus. Ganz klar: Für die Kleinen macht Väter gerade das zu Helden! Und für mich zu Menschen, von denen ich mir oft gern ein Scheibchen abschneiden würde, wenn mein Sorgenbarometer (Braucht man nicht schon eine Mütze? Ist der rote Punkt etwa eine Windpocke? Warum isst sie heute weniger als sonst?) mal wieder zu hoch steigt. Eine Bekannte ruft deshalb immer ihren Ex-Mann an, wenn irgendetwas in Sachen Kinder sie in Panik versetzt. Der beruhigt sie besser als jede Baldrian-Tablette.

Oder wie sagte ein Freund gerade so schön, während sich seine Liebste Gedanken darüber machte, wann, wo und wie ihr erster gemeinsamer Nachwuchs wohl auf die Welt kommen wird? „Mach dir keinen Kopf, bisher ist noch kein Kind dringeblieben!" Liebe Väter, eure Nerven möchten wir haben!

Mein tapferer
kranker Mann

Plötzlich war mein Mann krank. Und zwar so, dass er nicht arbeiten gehen konnte. Falls Sie mich jetzt bedauern möchten, – ja, das ist durchaus angebracht! Wobei ich zur Ehrenrettung meines Liebsten sagen muss, dass er definitiv nicht zu der weit verbreiteten Spezies „kranker Kerl gleich Jammerlappen" gehört. Er stöhnt nie über Schnupfen und selbst eine Bronchitis macht ihn nicht gleich bettlägerig. Doch dieses Mal hatte es ihn wirklich umgehauen.

Schuld war ein heftig entzündeter Nerv im Rücken. Das bedeutete: Er konnte weder gut sitzen noch liegen. Nur in aufrechter Haltung ließ sich der Schmerz ein wenig besser ertragen. Weshalb er sich den lieben langen Tag wie ein müdes Zirkuspferd durch unsere Wohnungs-Manege schleppte. Oder irgendwo rumstand. Und mir damit eben auch ziemlich oft im Weg … War ich in der Küche am Herd und brutzelte das Mittagessen, tauchte er plötzlich neben mir auf. Beim Bügeln wurde ich samt Brett umrundet. Und saß ich am Computer, stand er hinter mir und guckte mit schmerzerfülltem Gesicht aus dem Fenster. Er war eben durch sein Leiden zur Untätigkeit verdammt – und das tat mir wirklich unendlich leid. Aber ich muss auch zugeben: Nach Tag zwei hat es mich doch ein wenig wahnsinnig gemacht. Und ich habe mich gefragt: Wie soll das bloß werden, wenn er mal in Rente geht?

Mein Alltagstrott war plötzlich völlig aus dem Tritt. So manchen Moment habe ich mir tatsächlich gewünscht, dass mein Liebster sich einfach ins Bett kuscheln und dort in aller Ruhe auskurieren könnte. Dann hätte ich ihn mütterlich umsorgt, Tee gekocht, Hühnersuppe serviert, Medizin auf den Nachttisch gestellt und mein „Kümmer-Gen" wunderbar ausleben können. So aber konnte ich nichts weiter tun, als mich an den „Statisten" in der Wohnung zu gewöhnen.

Zum Glück ist Carsten jetzt wieder fit und sitzt im Büro. Und ich wundere mich darüber, was für Gewohnheitstiere wir Menschen doch sind. Denn ein kleines bisschen vermisse ich meine Dauerbegleitung der letzten Woche jetzt schon!

6
Kinder-Kram

Kindermund
– gnadenlos ehrlich!

Wir alle schwindeln zweihundert Mal am Tag, behaupten Forscher. Ich behaupte: Kinder waren an diesen Studien garantiert nicht beteiligt. Denn die sind einfach ehrlich. Das ist oft superlustig, hin und wieder peinlich – und manchmal einfach gnadenlos.

Marnos letzter verbaler Tiefschlag gegen mich begann ganz harmlos. Wir kuschelten gemütlich auf dem Sofa und guckten fern. Plötzlich sagte er: „Du Mami, die eine Frau hat nicht diese Streifen wie du. Aber die andere, die hat auch solche Streifen!" Weil er an meinem ratlosen Blick merkte, dass ich keinen blassen Schimmer hatte, wovon er spricht, klärte er mich unerbittlich weiter auf: „Na, diese Streifen im Gesicht" und fuhr mit seinem kleinen Zeigefinger zärtlich über meine Stirn. Vielen Dank auch, Sohnemann! Und im Übrigen heißt das nicht Streifen, sondern Falten!

Längst nicht die einzige „Nettigkeit", die ich in letzter Zeit von Marno um die Ohren gehauen bekommen habe. Da dachte ich an nichts Böses und putze meine Zähne vor dem Waschbecken, als er mit einem breiten Grinsen auf mich zukam. „Ich weiß ein Geheimnis. Du bekommst noch ein Baby. Das sehe ich an deinem Bauch." Die Folge seiner falschen „Entdeckung": Marno war ziemlich enttäuscht, dass er ein Baby mit einer Riesenportion Spaghetti verwechselt hat. Und ich bin seitdem wieder regelmäßig Gast im Fitness-Studio …

Auch ein Friseur-Besuch verdankte sich einem dezenten Hinweis meines Sohnes. Er wollte nämlich beim Frühstück wissen, was ich mache, wenn er in der Schule ist. „Ich gehe einkaufen." Antwort Marno: „Oder mal wieder zum Friseur!" Und so ungern ich es zugeben wollte: Er hatte ja recht, es wurde langsam Zeit!

Kindermund tut nun mal wirklich Wahrheit kund. Deshalb weiß ich auch, dass es mich mit zunehmendem Alter noch härter treffen wird. Wie eine Bekannte von mir. Die schmuste mit ihrem Enkel. Er streichelte ihr minutenlang liebevoll über das Gesicht. Und sagte dann: „Omi, du fühlst dich sooo schön an – wie ein alter Luftballon!"

Und wehe,
es geht nicht gerecht zu!

Draußen scheint die Sonne, im Auto ist es warm, Marno kurbelt das Fenster runter. Und ich kann eine Wette darauf abschließen, was keine zwei Sekunden später passiert. So sicher wie das Amen in der Kirche ruft Marla vom anderen Ende der Rückbank: „Mir auch warm! Auch Fenster auf!" Aber wehe, der Luftschlitz ist nicht genauso groß wie bei ihrem Bruder …

Als Marno noch ein Einzelkind war, konnte ich mir überhaupt nicht vorstellen, wie stark der kindliche Gerechtigkeitssinn ausgeprägt ist. Oder nennen wir ihn lieber den geschwisterlichen „Ich will auch"-Sinn! Drücke ich beiden ein paar Gummibärchen in die Hand, schauen Brüderchen und Schwesterchen ganz genau hin, ob nicht einer ein paar süße Tiere mehr in den Händchen hält. Will ich auf Nummer sicher gehen, dass es weder Streit noch Tränen gibt, sortiere ich vorher am besten noch nach Farben („Ich hab nur gelbe. Marla hat die ganzen roten!").

Und so geht es eigentlich mit allem. Hat Marno eine Banane, will Marla auch eine (obwohl sie vorher überhaupt keinen Hunger hatte!). Hat sie sich an einem Abend eine Gute-Nacht-Geschichte ausgesucht, besteht er darauf, das am nächsten zu tun. Und hängt er sich ein Poster im Zimmer auf, möchte sie auch ein neues Schmuckstück an der Wand. Lustigerweise bekommen jetzt sogar Dinge neue Wichtigkeit, die vorher jahrelang ein einsames Dasein in der Spiele-Kiste gefristet haben. Nämlich dann, wenn einer meiner Zwerge sie daraus „rettet" („Das ist aber mein Flummi, den habe ich schon soooo lange gesucht!").

Was mein Mutterherz allerdings erfreut: So viel, wie sich meine Lieben gegenseitig neiden, so viel gönnen sie sich auch! Kriegt Marla von mir einen Butterkeks, schnorrt sie für ihren Bruder („Marno auch Keks!") immer einen mit. Und als Marno gerade vom Kindergeburtstag eine ganze Tüte Gummizeugs mitbrachte, hat er das nicht heimlich im Zimmer gegessen. Er hat den Inhalt auf dem Flurboden ausgeschüttet, dann nach Farben sortiert (!) und genau geteilt. Der Dank für so viel Gerechtigkeit: ein klebriges Schwester-Küsschen!

Mami, mein Kopf ist doch gar nicht dick!

Gerade eben fand ich meinen Sohnemann wie ein Häufchen Elend in seiner Zimmerecke kauernd. Ein paar dicke Tränen rollten über seine roten Wangen. Auf meine Frage, was denn Schlimmes los sei, kam stotternd: „Papi – *schnief* – hat zu mir – *schnief* – gesagt – *schnief* – ich habe einen – *schnief* – kleinen Dickkopf!" Ich dann: „Und wo ist das Problem?" Marno, jetzt schon ein bisschen ruhiger: „Das ist total fies. Mein Kopf ist überhaupt nicht dick!" Nachdem ich mich von meinem Lachanfall erholt hatte, habe ich ihm erst mal erklärt, dass ein Dickkopf so rein gar nichts mit dem Kopfumfang zu tun hat. Und dann konnte auch mein Sohn zum Glück wieder lachen!

Ist es manchmal nicht einfach rührend, was unsere Kinder so zu Tränen bewegt? Bei meiner Freundin und ihrer vierjährigen Tochter gab es auch so eine Situation. Sie guckten zusammen ein Dinosaurier-Buch an. Und die Lütte wollte wissen, ob vor ihrem Haus denn auch mal so ein Dinosaurier auftauchen könnte. Logische Antwort meiner Freundin: „Nein, hab mal keine Angst, die sind schon gaaanz lange ausgestorben!" Doch der Satz, mit dem sie ihre Süße eigentlich beruhigen wollte, bewirkte genau das Gegenteil. Die Kleine kriegte – aus lauter Mitleid mit den großen toten Tieren – einen richtigen Heulkrampf. Und schluchzte noch eine halbe Stunde: „Die armen Dinos!" So traurig es für sie war – so komisch ist diese Anekdote immer wieder für uns!

Einmal kamen mir aber selbst fast die Tränen. Nicht vor Lachen – nein, dieses Mal vor echter mütterlicher Rührung! Ich hatte es mir mit Marno auf dem Sofa gemütlich gemacht. Er kuschelte sich ganz innig an meine Seite. Gab mir irgendwann ein Küsschen. Und sagte danach ein wenig traurig: „Jetzt kann ich dich ja noch küssen. Später geht das dann aber wohl nicht mehr?!" Seine Augen wurden bei dem Satz ganz glasig. Und ich verstand nur Bahnhof. Bis er mich aufklärte: „Später heirate ich ja mal. Und wenn ich dann eine Frau habe, muss ich ja immer die küssen!" Wie schön für mich, dass es bis dahin noch ziemlich lange dauert!

Wissen Sie,
was ein Schwitz ist?

Wenn Kinder sprechen lernen, ist das eine sehr putzige Sache. Da wird dann plötzlich nach einem „dada" verlangt oder ein „tutu" gesehen – und in den meisten Fällen verstehen nur die eigenen Eltern, was ihr Nachwuchs mit diesen Wortschöpfungen meint. Bei Marla ist diese Phase längst vorbei. Trotzdem grübele ich angestrengt über eine Sprachkreation von ihr nach. Eines Tages kam sie aus dem Kindergarten und behauptete: „Mami, ich habe einen Schwitz!" Auch durch gründliches Nachfragen kriegte ich nicht wirklich raus, wer oder was dieser „Schwitz" denn nun ist. Nur so viel war klar: Er sitzt am Knie und tut nicht weh. Aha!

Auf einmal erinnerte ich mich daran, dass Marno im gleichen Alter auch mal so ein witziges Wortgespinst erfunden hatte. Bei ihm war es der „Öki". Sobald er Andreas, einen guten Freund von uns sah, sagte Marno lauthals: „Guck mal, da ist der Öki!" Um rauszukriegen, was der Junge bloß damit meinte, bohrten wir wochenlang nach. Wir versuchten es mit schlauen Tricks (Ich: „Schau, da drüben läuft ja ein Öki", Marno: „Nein, das ist keiner!"). Doch es blieb dabei: Sohnemann erklärte uns nur, wer alles kein „Öki" ist. Aber nie, was sich hinter einem solchen „Öki" verbirgt und vor allem, warum nun ausgerechnet Andreas einer sein sollte. Als ich Marno jetzt von seiner früheren kreativen Wortschöpfung und unseren verzweifelten Bemühungen erzählt habe, hat er sich darüber halb schlapp gelacht. Nur leider weiß mein Grundschüler inzwischen auch nicht mehr, was denn ein „Öki" gewesen sein könnte …

Beim „Schwitz" habe ich allerdings die Hoffnung auf Erleuchtung noch nicht ganz aufgegeben. Obwohl die Chancen, dieses Worträtsel unserer Tochter zu lösen, wohl auch langsam schwinden. Denn als ich vorhin mit ihr im Auto saß und mich mal so ganz beiläufig nach ihrem „Schwitz" erkundigt habe, sagte sie nur fröhlich: „Ach, den habe ich jetzt im Sand verbuddelt!" Ich befürchte, da wird der Schwitz nun auch ewig ruhen. Und uns nie mehr verraten können, wer oder was er denn war. Schade eigentlich!

Schon ganz groß
im Ausreden-Erfinden

Als ich am Abend an Marnos Zimmertür vorbeigelaufen bin, schimmerte dort – verbotenerweise, da schon Schlafenszeit – noch Licht durchs Schlüsselloch. Ich bin rein und wollte gerade zu einem kleinen Donnerwetter ansetzen, als mein Sohnemann mich mit großen Augen anguckt und ganz ernst sagt: „Entschuldigung! Aber meine Kuscheltiere konnten nicht einschlafen, deshalb habe ich ihnen noch was vorgelesen!"

Natürlich musste ich über so viel kindlichen Erfindungsreichtum schmunzeln – und mein Ärger war verpufft. Es ist einfach lustig: Wenn es darum geht, sich kreative Ausreden auszudenken, sind die Kleinen echt ganz groß. Auch meine kleine Tochter Marla weiß schon ganz genau, wie sie sich vor unangenehmen Dingen drücken kann. Zum Beispiel, als ich sie gebeten habe, ihren Teller vom Esszimmer in die Küche zu tragen. Was kam von ihr als Antwort? „Ich kann das nicht machen, Mami. Ich habe nämlich eine schwere Verletzung am Knie – aua, aua, aua!"

Bei näherer Betrachtung stellte sich dann heraus: Ihr Knie zierte ein Mini-Kratzer, der schon seit mindestens drei Tagen komplett verheilt war … Den Teller musste sie trotzdem schleppen. Allerdings gebe ich zu: Manchmal sind die Ausreden meiner zwei Mäuse auch so putzig, dass ich ihnen einfach nicht widerstehen kann! Wie bei Marno neulich. Ich: „Pack mal bitte deine Klamotten in den Schrank!" Antwort Marno: „Aber ich male doch gerade ein soooo schönes Bild für dich. Später, okay?"

Logisch, dass ich da nicht hart bleiben konnte. Und auch Marla hat mich neulich wieder ganz geschickt um ihre kleinen Finger gewickelt. Da saß sie auf ihrem Kinderzimmer-Teppich inmitten von Spielzeug-Bergen, die sie längst in die Kisten räumen sollte. Und sagte: „Aber ich bin doch eure kleine Prinzessin. Und Prinzessinnen müssen nie aufräumen!" Da wir hier ja nicht im Schloss wohnen, stimmt das leider nicht so ganz. Aber für die witzige Ausrede hat die Prinzessinnen-Mami dann kräftig beim Aufräumen geholfen …

Bei Kindern gilt
das gesprochene Wort!

Wir Erwachsene hören ja hin und wieder Dinge, von denen wir sofort wissen, dass sie nicht wirklich ernst gemeint sind. Ob beim Vorstellungsgespräch („Unsere Entscheidung hat nichts mit Ihnen zu tun"), beim Klamottenkauf („Lila ist genau Ihre Farbe") oder nach einem Date („Ich melde mich wieder bei dir!").

Wir „entlarven" solche Floskeln – einfach deshalb, weil wir im Laufe der Jahrzehnte gelernt haben, dass es welche sind. Kinder sind da (zum Glück) noch völlig anders: Sie nehmen uns einfach immer beim Wort. Mal eben was dahinzuplappern, geht bei ihnen gar nicht!

Marno drängelte schon seit zwei Tagen, weil er mit mir unbedingt draußen Skateboard fahren üben wollte. Aber ich habe ihn immer wieder vertröstet – mal hatte ich dringend am Bügelbrett, mal im Keller und mal am Schreibtisch zu tun. Bis vormittags mein Maß an mütterlichem schlechtem Gewissen so voll war, dass ich gesagt habe: „Wir machen das nachher, mein Schatz – versprochen!"

Leider hatte ich den kleinen Zusatz „bei gutem Wetter" völlig vergessen. Und so haben wir den Nachmittag bei furchtbar nervigem Nieselregen („Ist doch egal, Mami – du hast es versprochen!") auf dem Schulhof verbracht!

Auch im Zoo wären wir wohl noch nicht gewesen, wenn ich mich ein wenig sorgfältiger ausgedrückt hätte. Aber für mich hieß „Wir machen das, wenn Ferien sind" halt irgendwann in den Ferien. Nicht so für meine beiden Süßen. Kaum war Marno mit dem Zeugnis aus der Schule da, fragten sie: „Und wann fahren wir los? Jetzt?" Ich muss wohl etwas irritiert geguckt haben, denn Sohnemann ergänzte sofort: „In den Zoo! Es sind doch jetzt Ferien!"

Selbst beim Trösten der Kleinen sind kleine Lügen absolut tabu! Marla hatte sich gestoßen und kroch weinend auf meinen Schoß. Beruhigend murmelte ich vor mich hin: „Alles wird gut, meine Kleine, ich bin doch immer bei dir!" Daraufhin schluchzte sie noch mehr, noch lauter und sagte: „Mami, das stimmt doch gar nicht! Manchmal gehst du joggen!"

Wenn die Kleinen Mami spielen

Da hatte ich tagelang versucht, mich mit Kamille-Dampfbädern, homöopathischen Hustentropfen und der Großfamilienpackung Taschentücher, wieder fit zu kriegen. Vergebens – letzte Woche hatte es mich dann doch erwischt. Und zwar richtig. Mittags habe ich mit letzter Kraft ein paar Spaghetti in den Topf geworfen und danach mich selbst sofort aufs Sofa. Der Grund für mein K.o. zeigte sich beim Blick aufs Thermometer: 39 Grad Fieber! Meine zwei Süßen beäugten mich besorgt. Und das nicht nur, weil ich ihnen zu dieser frühen Tageszeit vorschlug, doch einfach das TV-Kinderprogramm einzuschalten!

Nach einer Sendung machte Marno die Flimmerkiste selbst aus, kam mit einem Stapel Bücher an und sagte: „Soll ich dir vorlesen?" Und so kam ich in den Genuss von spannenden Wickie-Abenteuern (Marno) und diversen Pixi-Buch-Bildbeschreibungen (Marla). Etwas später hörte ich die zwei in unserer Küchenkammer rumoren. Was mich normalerweise in einen Zustand höchster Alarmbereitschaft versetzt hätte, nahm ich jetzt kraft- und hilflos hin. Meine Sorge wäre auch unbegründet gewesen.

Denn sie wollten dort weder Süßigkeiten mopsen noch irgendein Chaos anrichten. Im Gegenteil!

Marno stellte mir stolz eine Tasse Kaffee („Habe ich ganz alleine gemacht!") auf den Sofatisch und Marla legte – nicht weniger stolz – ein paar Butterkekse daneben. Meine sowieso schon tränenden Augen wurden noch glasiger – ich war gerührt von so viel kindlicher Fürsorge! Und auch mächtig stolz: Denn an diesem Tag waren meine Rabauken wahre Muster-Kinder. Es gab keinen Streit, mit dem Bobby Car wurde kein Crash-Test veranstaltet und abends ging's ohne Murren zum Zähneputzen! Sogar von ihren Lieblings-Kuscheltieren, ohne die sie sonst kein Auge zumachen, wollten sich die beiden trennen, damit ich gut schlafen kann! Das konnte ich natürlich nicht annehmen. Und auch ohne ging es mir am nächsten Tag schon viel besser. Mit dem Rollentausch und dem Eins-A-Benehmen war es dann natürlich auch sofort vorbei. Aber es ist doch schön zu wissen, dass im Notfall auch Kinder ganz tolle „Mamis" sein können!

7
Freizeit-Stress

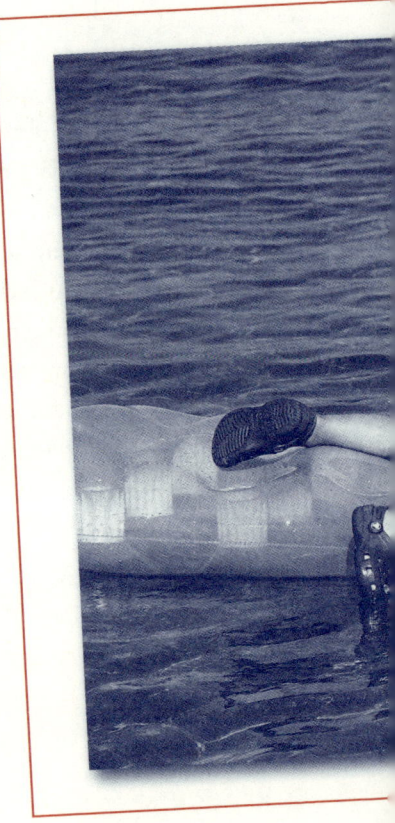

Wenn Mütter
Partys feiern

Mein letzter Geburtstag: Zwar finde ich meinen Ehrentag mit zunehmendem Alter immer unwichtiger, was meine Kinder gar nicht verstehen können („Mami, bist du schon aufgeregt?"). Aber so ein bisschen feiern – das wollte ich nun doch! Immerhin bin ich jetzt in der Mitte der Dreißiger angekommen ... Da mein Freundeskreis inzwischen fast komplett mit Nachwuchs ausgestattet ist, hätte eine Abendparty einen enormen logistischen Aufwand (Babysitter, Reisebetten und so weiter) bedeutet. Außerdem fiel der Geburtstag auf einen Dienstag. Also habe ich einfach fünf Mädels zum gemütlichen Kaffeeklatsch eingeladen.

Was in diesem Fall bedeutete: Wir waren insgesamt sechs Mütter mit neun Kindern im Alter zwischen drei Wochen und sechs Jahren! Weil unser Esszimmer absolut nicht für fünfzehn Personen ausgelegt ist, saß die Hälfte der Zwerge also auf dem mütterlichen Schoß, während die „Großen" – nachdem sie Unmengen an Kuchen verdrückt hatten – in Partylaune um den Tisch tobten. Unterhaltung unmöglich? Nein, absolut nicht!

Nur eben mit diversen Unterbrechungen. Wollen Sie uns mal belauschen? „Achtung Marno, lauf Arthur nicht um!" – „O guck mal, Kaya hat gelächelt, wie süß!" – „Marla, das Auto hatte Linus zuerst, gib es ihm zurück!" – „Pass auf Melina, das Glas fällt gleich um!" – „Feline, nicht so rennen, das ist rutschig hier." – „Sara, nein, nicht noch einen Keks!" – „Ja, du kannst Valentin streicheln, aber nicht in die Augen piken!" und so weiter.

Natürlich gab es auch immer mal wieder eine umgekippte Kaffeetasse, einen ausgespuckten Schnuller, angestoßene Köpfe und brüllende Zwerge, die nach Brei oder Brust verlangten. Und deshalb saßen wir Muttis irgendwann dann auch alle zwischen Rassel(bande), Stofftieren und Decken auf dem Wohnzimmerboden, während aus dem CD-Spieler „Schni-Schna-Schnappi" dudelte.

Als alle raus waren, sagte mein Sohn Marno: „Mami, du hattest aber echt einen tollen Geburtstag!" Fand ich auch! Nicht durchgehend besonders entspannt – aber auf jeden Fall besonders lustig!

Packen Sie noch
oder reisen Sie schon?

Unser Sommer-Familien-Urlaub rückt immer näher. Und so sehr ich mich schon freue, so sehr graust es mir auch vor einer Sache: dem Kofferpacken! Das war zwar schon zu Zeiten ohne Kinder-Anhang nicht gerade meine Lieblingsbeschäftigung. Aber meist doch ruck, zuck erledigt. Im Gegensatz zu heute!

Zwar bin ich in der Theorie eins A vorbereitet. Schon Tage, bevor unsere Koffer aus dem Keller überhaupt das Tageslicht erblicken, schreibe ich Listen. Auf denen steht dann – vom Mückenmittel bis zu den Flip-Flops – alles, was mit soll. Nur in der Praxis nützt mir das reichlich wenig. Denn wenn die Vorbereitung einer Single-Reise ein 100-Meter-Sprint ist, ist das bei einem Familien-Trip ein 800-Meter-Hürdenlauf. Weil zum Beispiel auf meiner Liste nicht Marnos Kuschelbär, der ungefähr die Größe eines zweijährigen Kindes hat, stehen wird. Was garantiert eine mindestens zehnminütige Diskussion mit Sohnemann (Ich: „Der Bär nimmt zu viel Platz weg!", Marno: „Aber ohne ihn kann ich nicht einschlafen!") zur Folge haben wird. Und dicke Kullertränen von Marla nach sich zieht (Trösten: ca. acht Minuten) die dann nämlich unbedingt auch ihr größtes Stofftier mitnehmen will …

Ebenfalls reichlich zeitraubend: Die Wäsche! Mein Trick, die Klamotten, die in den Koffer sollen, schon Tage vorher geschickt im Schrank zu verstecken, um sie vor erneuter Verschmutzung zu bewahren, klappt ganz gut. Aber nicht perfekt. Und deshalb wird sich ganz sicher wieder das ein oder andere Teil doch noch am Tag vor der Abreise im Wäschekorb (Carsten: „Ich dachte, du wäscht noch mal!") tummeln (waschen plus bügeln gleich eine Extrastunde). Und warum ist gerade jetzt das Fieberthermometer wie vom Erdboden verschluckt (20 Minuten suchen)? Wieso können sich die Kinder nicht entscheiden, welche Bücher sie mitnehmen wollen (30 Minuten warten)? Und sind eigentlich alle Pässe noch gültig (Panikanfall: drei Minuten)? Aber zum Glück weiß ich ja: Wenn die Koffer zu sind, liegen 14 Tage Urlaub vor mir (20160 Minuten Entspannung).

Und Mama sorgt
für Ferienspaß!

Wenn mal wieder Ferien vor der Tür stehen, freue ich mich darauf immer (fast) genauso wie mein Sohn: Endlich muss man morgens mal nicht so hetzen ("Marno, du hast noch drei Sekunden zum Anziehen!"). Das Mittagessen nicht überpünktlich auf dem Tisch stehen haben. Und auch nicht den halben Nachmittag als "Kinder-Taxi" zwischen diversen Freizeitaktivitäten hin- und herkutschieren. Was für eine Erholung!

Zumindest in den ersten Ferientagen ist das auch so! Doch was ich in meiner Vorfreude gerne vergesse: Was ich als entspannt empfinde, empfindet Marno irgendwann als langweilig. Die Folge: Er ist nicht ausgelastet. Was ich dann wiederum manchmal ganz schön nervig finde …

Denn dann höre ich gefühlte fünfzehn Mal am Tag von einem vor Energie rumhüpfenden 1,30 Meter großen Männchen: "Mami, was machen wir denn jetzt?" Und wenn ich dann antworte: "Ich muss bügeln", ist Marnos Begeisterung logischerweise klein.

Aber es ist ja nun mal so: Wenn man die Ferien zu Hause verbringt, muss der normale Alltag zwischen Haushalt und Arbeit eben weitergehen. Dabei bemühe ich mich trotzdem um ein kindgerechtes Ferienprogramm: Zoo, Eisessen mit Omi und Opi, verlängerte Fernsehzeiten, Fahrradtour und so weiter. Aber ich glaube, ich müsste meinen Süßen schon zwanzig Kilometer auf dem Rad um den See scheuchen, damit er annähernd so ausgelastet ist wie durch den Spaß und die Action in der Schule und mit seinen Freunden. Eine fünfmal sieben Jahre alte Frau kann eben nicht das ersetzen, was ihm fünf Siebenjährige bieten.

Deshalb kommt irgendwann immer der Punkt, an dem ich ihm seine Klassenliste in die Hand drücke und sage: „Dann ruf deine Kumpel doch mal an und verabrede dich!" Aber es ist meist wie verhext: Nachdem Marno sich die zehnte Anrufbeantworter-Ansage angehört hat, kommt er frustriert zurück und stellt fest: „Niemand da. Was machen wir denn jetzt?" In dem Moment denken wir dann wohl beide: Ferien sind super – aber auch, wenn sie vorbei sind! Und freuen uns spätestens nach zwei Wochen Schule trotzdem schon wieder riesig auf die nächsten!

Der Weihnachts-Marathon startet

Jedes Jahr, wenn ich in meinem Kalender einen Blick auf den Dezember werfe, überkommt mich ein leichtes Stress-Gefühl! Denn bereits im Monat davor sind kaum noch Tage zu finden, an denen einfach mal gar nichts anliegt. Während zu noch kinderlosen Zeiten höchstens der Bummel über den Weihnachtsmarkt und die Adventsfeier mit Kollegen zu meinem Vorweihnachtsprogramm gehörten, ist da jetzt jede Menge mehr los.

Mein Weihnachts-Marathon startet mit einem besinnlichen Kaffeetrinken in der Schule. Nicht das letzte Mal, dass ich dort sein werde. Denn es gibt auch noch Adventsbasteln, Weihnachtssingen, die Wichtel-Feier (Marno: „Bitte Mami, da *musst* du hinkommen!") und den Weihnachtsgottesdienst, zu dem alle Eltern herzlich eingeladen sind.

Da mein Sohn nachmittags noch diversen sportlichen Aktivitäten nachgeht, war es das mit dem geselligen Beisammensein bei Kerzenschein natürlich noch lange nicht. Der Fußballverein hat neben der obligatorischen Feier noch ein Advents-Turnier organisiert. Und der Schwimmverein einen Nikolaus-Wettkampf! Ach ja, und in Marlas Kindergarten gibt es natürlich auch noch ein kleines Fest! Für fast alle diese Zusammentreffen hängen Listen an Schwarzen Brettern, in die man eintragen muss, was man dazu mitbringt. Denn was wären Weihnachtsfeiern schon ohne selbst gebackene Kekse und Weihnachtsstollen?

Allerdings hoffe ich, dass ich das ein oder andere Mal schnell genug bin und meinen Namen noch hinter den Orangensaft oder die Kaffeesahne schreiben kann. Denn sonst habe ich wirklich ein wenig Sorge, dass ich Heiligabend völlig erschöpft unter unserem Baum liege und lieber eine lange „Stille Nacht" hätte, als von ihr zu singen ...

Aber vielleicht kommt es ja auch ganz anders. Und ich sitze Heiligabend da, erinnere mich an viele besinnliche Stunden, interessante Gespräche, Dutzende leuchtende Kinderaugen, Spekulatius bei Kerzenschein und werde denken: „Schade, dass diese wunderschöne Zeit bald schon wieder vorbei ist!"

Papi, du bist
der Weihnachtsmann!

Letztes Jahr an Heiligabend glaubte Marno noch felsenfest an den Weihnachtsmann. Lauschte mit glühenden Wangen seinen (das heißt Carstens) Fußstapfen durch unser Wohnzimmer. Und war beim Geschenke-Auspacken absolut glücklich darüber, dass der Mann mit dem weißen Bart seine noch ziemlich krakelige Schrift auf dem Wunschzettel doch so toll lesen konnte!

Dann, ein paar Monate später, Ostern: Da hatte Marno richtig Mitleid mit dem Osterhasen. Wie ein Hase es eigentlich schaffen könne, all die Sachen zu verstecken? Mein Mann und ich kamen ins Grübeln: Sollten wir unseren Sohn aufklären? Und ihm auch gleich schonend beibringen, dass es mit dem Weihnachtsmann nicht so ist, wie er denkt? Müssen wir es ihm überhaupt sagen („Aber wird er dann nicht irgendwann in der Schule ausgelacht?")? Wann ist der richtige Zeitpunkt für die Wahrheit? Schließlich haben wir es einfach nicht übers Herz gebracht und das Problem diskret ausgesessen. Zum Glück!

Denn was passierte gestern? Da kam unser Knirps und sagte: „Papi, ich weiß, warum du Weihnachten immer draußen bleibst, während ich mit Mami im Kinderzimmer warte! Du bist nämlich der Weihnachtsmann!" Und während wir ihn noch schweigend vor Überraschung anstarrten, fügte er stolz hinzu: „Da bin ich ganz allein drauf gekommen. Ihr seid auch der Nikolaus. Der Osterhase! Und die Zahnfee gibt es auch nicht in echt! Aber keine Sorge – das verrate ich Marla nicht!" Er strahlte ob seiner Entdeckung übers ganze Gesicht. Enttäuschung? Nicht die Spur!

Ich war baff! Da macht man sich wochenlang Gedanken – und dann löst sich das Problem von ganz alleine! Wenn das mal immer so einfach wäre! Aber trotz meiner Erleichterung war ich doch besorgt: Wird Weihnachten für ihn noch den gleichen Zauber haben? Aber auch diese Befürchtung hat mir mein Sohn schnell genommen: Über seinen Wunschzettel schrieb er wie immer „An den Weihnachtsmann". Und adressierte ihn ganz selbstverständlich nach „Himmelpforten". Ich war froh. Denn auch das gehört zum Weihnachtszauber: Manches zu wissen – und trotzdem zu glauben!

Und Silvester
gibt's wieder Fondue

W as wollen wir Silvester machen? In „jungen" Jahren wurde über diese Frage schon im Oktober heftig diskutiert. Möglichst lustig sollte der Abend werden. An einem tollen Ort. Mit allen Freunden. Schlicht: Am 31. 12. musste die Party des Jahres steigen! Heute sieht die Sache bei uns anders aus. Bis kurz vor Weihnachten verschwende ich an Silvester kaum einen Gedanken. Sind alle Geschenke gekauft, der Baum geschmückt und die Gänsebrust beim Fleischer bestellt, fällt mir ein: Da war doch irgendwann noch ein Fest – ach ja, Silvester ist ja auch bald!

Und dann ist sie wieder da, die Frage: Was wollen wir denn eigentlich machen? Eins ist klar: Den Anruf beim Babysitter können wir uns sparen. Denn der will an diesem Abend garantiert ausgehen und die Party des Jahres steigen lassen. Mit der Folge, dass groß Ausgehen für uns an Silvester ausfällt. Also läuft es meistens so: Die Freunde, die auch Kinder haben, werden abtelefoniert. Man einigt sich, wo man sich trifft (meist dort, wo genug Platz für alle Kinder-Reisebetten ist). Schwört sich, nicht zu lange zu feiern („Müssen ja alle wieder früh raus"). Und überlegt, was man isst („Sind doch alle noch so satt von Weihnachten." – „Okay, Fondue!"). Nachdem man an besagtem Abend dann alle Kinder im Bett hat, versammelt man sich – leicht erschöpft von dieser Prozedur und den vielen vergangenen Festtagen – am Tisch. Isst und trinkt viel, wird langsam immer munterer.

Im Gegensatz zu den Kindern. Denn die sind im Tiefschlaf. Und lassen sich kurz vor Mitternacht weder durch Rufen noch Streicheln wecken. Brutal aus dem Schlaf reißen? Nein, das bringen wir nun auch nicht übers Herz. Also gehen wir mit der Familienpackung Feuerwerk allein vor die Tür. Treffen dort ein paar andere Elterngruppen aus der Nachbarschaft. Wünschen uns ein frohes neues Jahr und gehen schnell wieder rein. Vielleicht sind die Kinder von der Knallerei aufgewacht? Nein, sind sie nicht! Wie schön! Aber jetzt schon ins Bett – das geht nun wirklich nicht. Ist schließlich Silvester! Und deshalb werden wir wohl alle am nächsten Morgen beim ersten Krähen der Kinder nur einen Neujahrswunsch haben: noch ein Stündchen mehr Schlaf!

Ganz entspannt
ins neue Jahr

Eines habe ich mir fürs neue Jahr schon ganz fest vorgenommen: Die „klassischen" guten Vorsätze – mehr Sport, gesündere Ernährung und so weiter – halse ich mir nicht mehr auf. Denn wenn ich sie (mal wieder) nur bis Ende Januar durchhalte, macht mir das ab Februar ein schlechtes Gewissen. Das quält mich dann noch mindestens bis März. Und das ist doch ein ziemlich unentspannter Start ins neue Jahr, oder?

Zig kleine gute Vorsätze habe ich trotzdem. Zum Beispiel will ich mich nie, nie, nie wieder über ein umgekipptes Apfelsaftglas meiner Kinder aufregen. Weder wenn ich gerade eine Minute vorher den Küchenboden geschrubbt habe noch wenn es bereits das dritte verschüttete Glas an diesem Tag ist. Ich werde ab jetzt einfach nur mit einem gelassenen „Hach, so sind Kinder halt" zum Lappen greifen! Dann möchte ich mir endlich abgewöhnen, Marno sofort nach der Schule mit meinem „Und, wie war's? Was gibt's Neues?"-Mantra zu nerven. Und wo ich schon dabei bin, kann ich doch gleich auch noch die (ebenfalls nervigen) Erziehungsklassiker-Sätze wie „Ich zähle jetzt bis drei" oder „Was du heute kannst besorgen … " aus meinem Sprach-Repertoire streichen!

Apropos streichen: Sämtliche Türen unserer Wohnung wünschen sich, dass ich genau das mit ihnen mache. Farbe ist längst gekauft . Und mit dem Pinsel werde ich meinen inneren Schweinehund zu Boden schlagen, wenn er mir mal wieder einflüstern will, dass ich die doch auch noch nächste Woche, nächsten Monat oder im übernächsten Jahr auf den Türen verteilen kann.

Und da fällt mir noch was ein: Unser Auto soll im kommenden Jahr wieder ein Auto sein – und keine Mischung aus Spielzimmer und Mülltüte auf vier Rädern! Bücher, Puppen und Co. dürfen nicht mehr dauerhaft auf der Rückbank campen. Und ich nehme mir ganz fest vor (mein Mann wird sich an dieser Stelle ein Schmunzeln kaum verkneifen können), Kaugummipapier, Brötchentüten und Saftflaschen sofort nach Verzehr des Inhalts zu entsorgen! Ach, ich könnte noch in vielem Besserung geloben! Aber zu viel auf einmal soll man sich nicht vornehmen. Dass sich all Ihre guten Vorsätze immer erfüllen, wünsche ich Ihnen von Herzen …

© Verlag Herder GmbH, Freiburg im Breisgau 2011
Alle Rechte vorbehalten
www.herder.de

Umschlagmotiv:
© Sybill Schneider, Hamburg

Fotos im Innenteil:
Fotoarchiv Familie Quandt.
Alle Rechte vorbehalten

Umschlaggestaltung:
Finken & Bumiller, Stuttgart

Innengestaltung:
post scriptum, Emmendingen / Hinterzarten

Herstellung:
fgb · freiburger graphische betriebe
www.fgb.de

Gedruckt auf umweltfreundlichem,
chlorfrei gebleichtem Papier
Printed in Germany

ISBN 978-3-451-32371-3